必ずうまくなる!!

少年野球

打つ
投げる
守る

基本と練習法

電波社

はじめに
少年球児のみなさんへ

この本は野球をプレーする上で必要な基本となるカラダの動きや使い方、その動作ができるようになるための練習ドリルをまとめたものです。

野球における基本とは、少年野球はもちろんのこと、高校野球、社会人野球、そしてプロ野球まで、年代に関係なくすべてのプレーヤーが備えておくべきベースとなる理論のことです。

基本は野球に限らず、他のスポーツでも、勉強でもとても大事なことです。たとえば基本を勉強に置きかえて考えてみましょう。小学校で習う算数のもっとも基本となるのは、たし算であり、ひき算です。最初にこの基本をしっかり覚えなければ、かけ算やわり算はできませんし、もっと難解《なんかい》な方程式を解けるわけがありません。

これと同じように、野球も基本となるカラダの動きや使い方を理解していないと、どんなに長い時間練習をしたとしても、上達は望めません。それどこから無理なカラダの使い方をしていたら、ケガにもつながってしまいます。将来的なことを考えても、少年球児のうちに基本を身につけておくことはとても重要なことなのです。

野球だけでなく、何事も上手くならないと楽しくありません。できないことができるようになり、自分自身が上達していると実感できたときに楽しさを味わうことができるのです。

大きな打球が打てるようになったり、捕れなかったボールを捕れるようになったり、全力で投げたボールで空振りを取れたときの「成功体験」は、さらなる上達への糧《かて》となります。

この本を手に取った少年球児のみなさんが基本を身につけてレベルアップし、野球の楽しさを味わってくれることを願っています。

関口勝己

CONTENTS

〔編集〕柳澤壮人（コスミック出版）／石川哲也／佐久間一彦、中野皓太（有限会社ライトハウス）
〔デザイン〕田中あつみ（コスミック出版）
〔撮影〕馬場高志

第1章

基礎がうまくなる！ 基本の「き」

野球を始めるうえで大切なカラダの使い方や、グラブの使い方、捕球の仕方といった、基本中の基本を紹介していきます。

「体重移動」、「方向性」、「バランス」を意識しよう

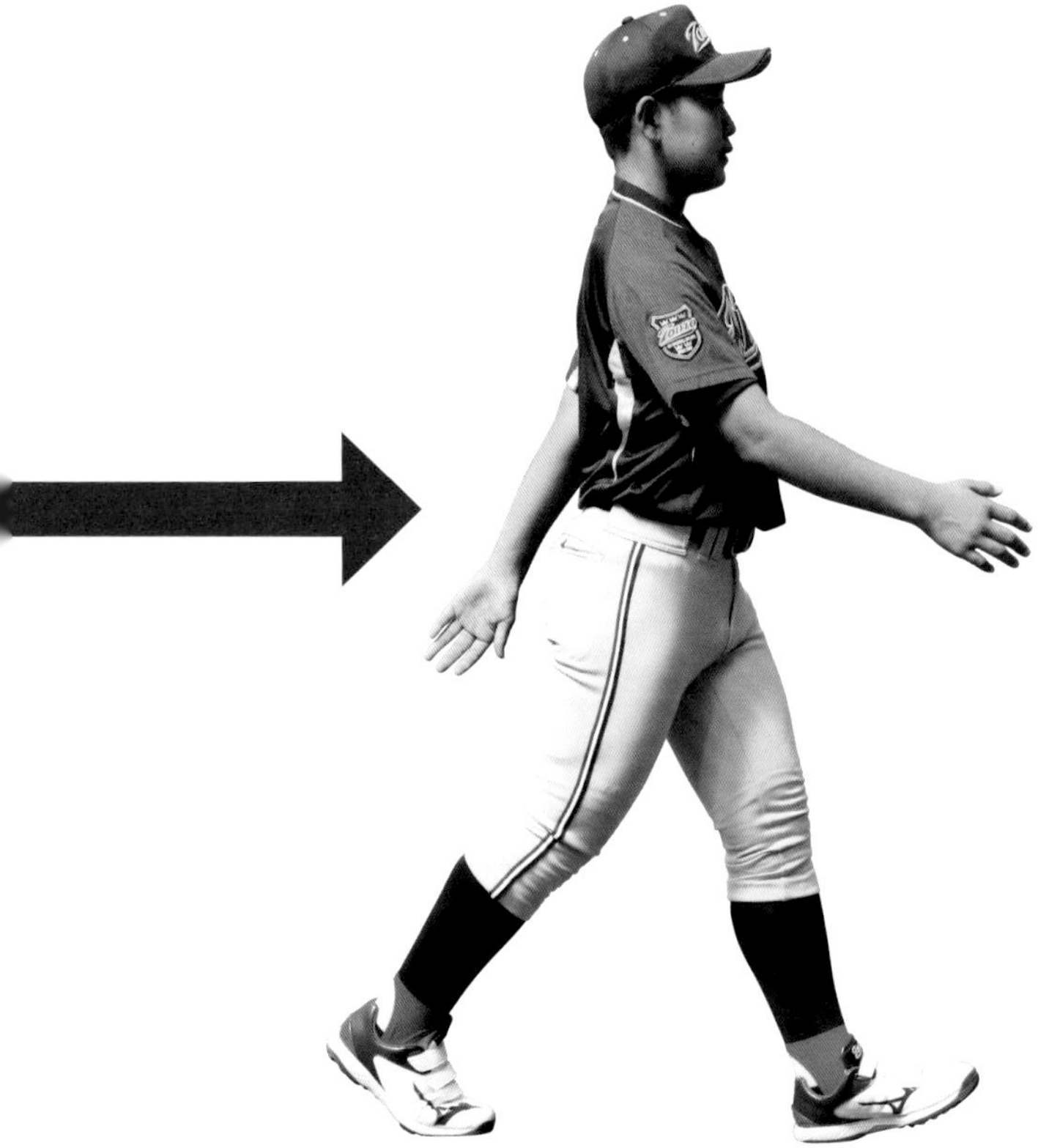

ねらい

歩く動作はすべての基本

歩くという動作は、運動の基本。左右の足を交互《こうご》に踏み出すときの「体重移動」、歩く方向につま先を向ける「方向性」、頭を中心にして前後、左右にカラダをブラさない「バランス」という、すべてのスポーツに通じる大事な要素が含まれています。しっかりと歩く動作ができれば、投げる動作や打つ動作は応用になります。「体重移動」、「方向性」、「バランス」を意識しながら、しっかり歩けているか確認してみましょう。

ポイント

カラダの「軸」を意識しよう

まっすぐに背筋を伸ばして立ったら、歩く方向に目線を向け、左右の手足を交互に前後させながら、前に進んでみましょう。頭から地面に向けて垂直《すいちょく》に、カ

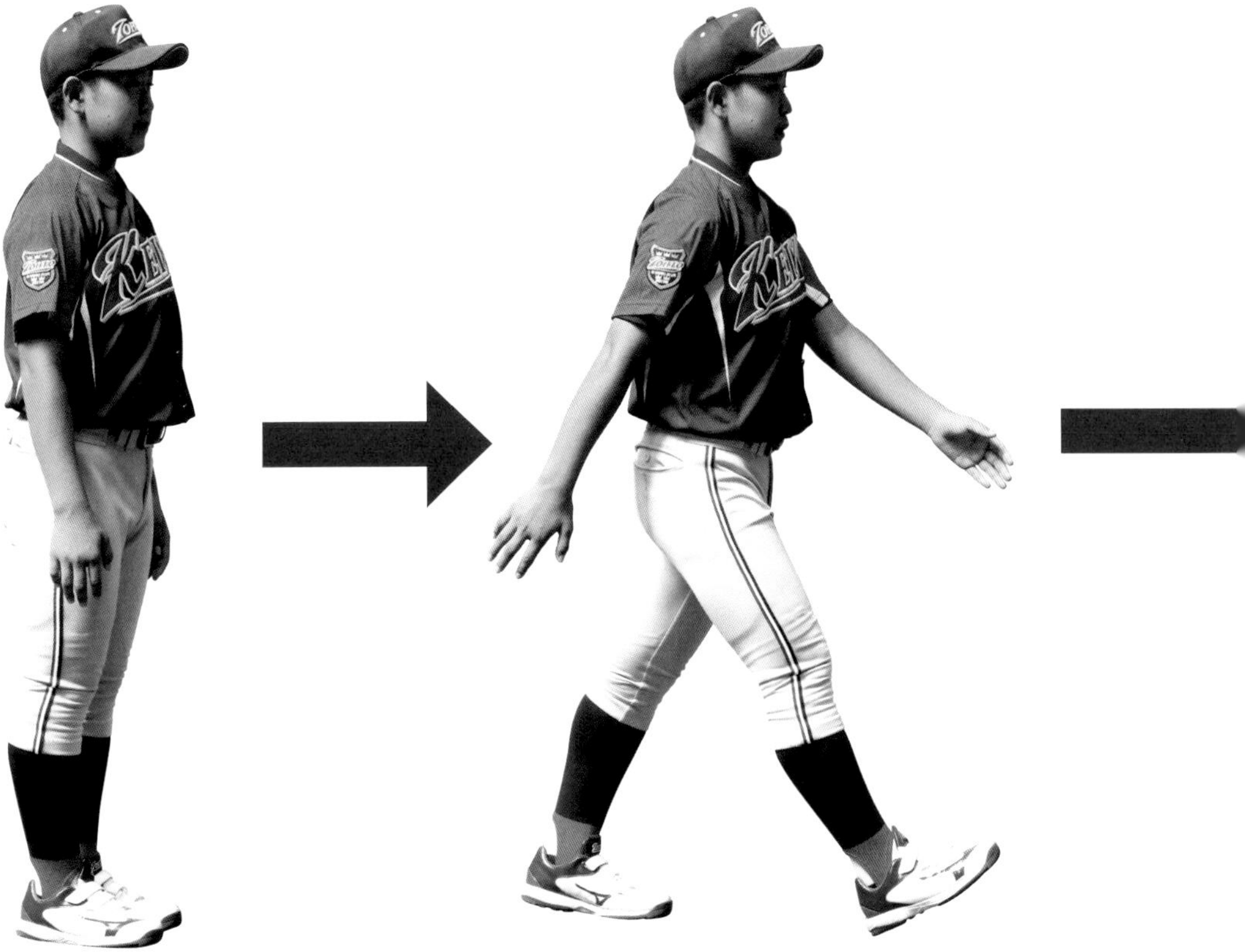

ラダの中心を一本の「軸」が通っているイメージで歩くと、カラダが前後、左右にブレず、バランスよくまっすぐ歩くことができます。

NG!!

カラダが傾く

足を踏み出すときに、カラダが左右に傾《かたむ》いたり、前後に反ったりするのは、バランスの悪さが原因。カラダの中心となる「軸」を意識して、姿勢よくまっすぐに歩こう。

ヒジを軽く曲げてボールの勢いを吸収

ねらい

胸の前でグラブをかまえる

ボールを捕球するときのグラブの位置はカラダから遠すぎても、近すぎてもいけません。ヒジを軽く曲げたくらいの位置がベスト。ボールの勢いを吸収《きゅうしゅう》して捕球でき、返球動作へも移りやすくなります。

ポイント

グラブをかまえた位置で捕球

ボールは自分に向かってくるので、腕を伸ばして捕りにいく必要はありません。グラブをかまえた位置で捕球しましょう。

NG!!

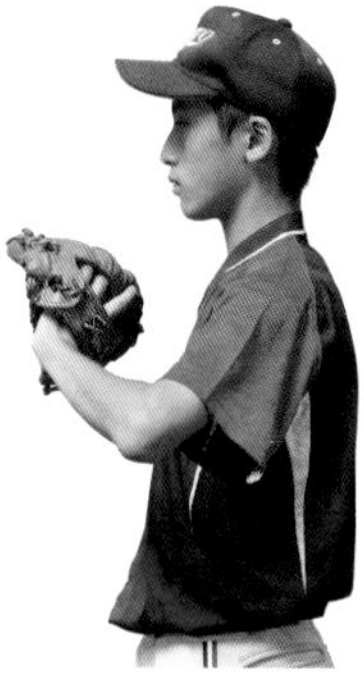

カラダの近くで捕球する

ヒジの曲げすぎもボールの勢いを吸収できない。捕球時に動作が止まってしまうので、スムーズに返球できなくなる。

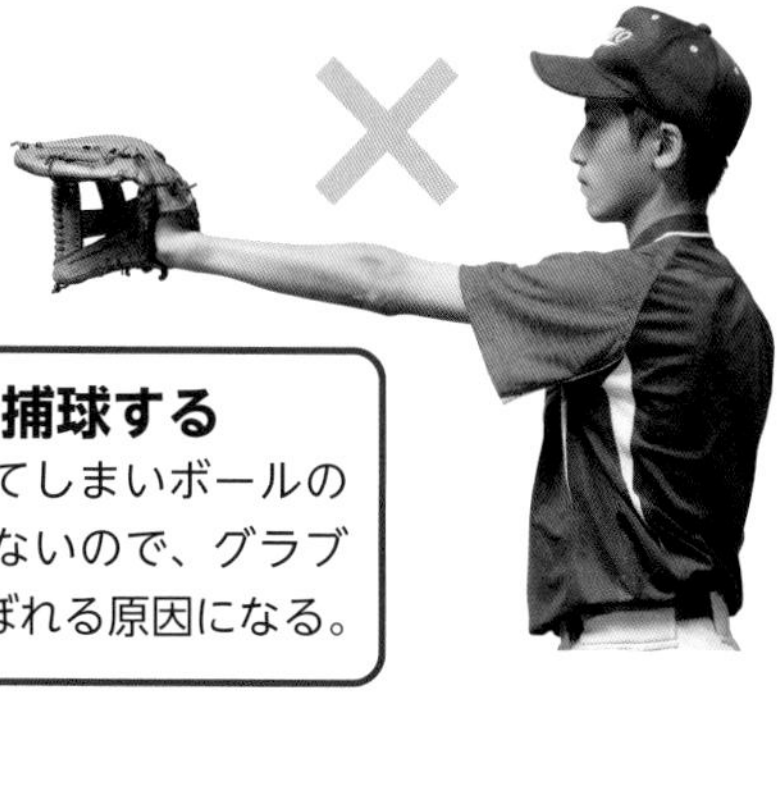

腕を伸ばして捕球する

ヒジが伸びきってしまいボールの勢いを吸収できないので、グラブからボールがこぼれる原因になる。

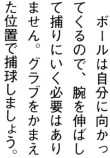

グラブはボールに対して直角に出す

ねらい

ポケットでキャッチ

ボールはグラブのポケット（ボールを受ける面のくぼみ）でキャッチします。しっかり捕球するために、グラブはボールに対して直角に出しましょう。グラブが下向きに寝ていたり、上を向きすぎていると、ポケットにボールが収まらず、落球の原因となってしまいます。

ポイント

ボールに対して直角を意識する

キャッチボールや送球だけでなく、ゴロやフライなどの打球（写真左下）に対してもグラブはボールに対して直角に出すのが基本になります。フライのとき（写真右下）は、グラブのポケットを上向きにして、落ちてくるボールを捕球する方法もあります。

ワンポイントアドバイス

フライやゴロなどの打球に対してもグラブを直角に出すことを意識しよう。

腕を回して高低、左右のボールに対応

ねらい

グラブの出し方を覚える

ボールは胸の前で捕球するのが基本となりますが、高低、左右にそれた場合はグラブを動かして対応します。それぞれの位置でのグラブの出し方を覚えておきましょう。

グラブをはめた手の側へのボールは、そのまま腕を出す

ポイント

利き手側は逆シングルで

グラブをはめた腕のヒジを中心にして、円を描くように一回転させてみましょう。利き手側へのボールは、カラダの前で腕をひねりグラブを逆向き（逆シングル）にします。

正面

胸の前で捕球する基本姿勢。胸より上へのボールはグラブをあげる

右側

利き手側へのボールは逆シングルで捕球する

下

低めのボールはグラブをはめた手の甲を下に向ける

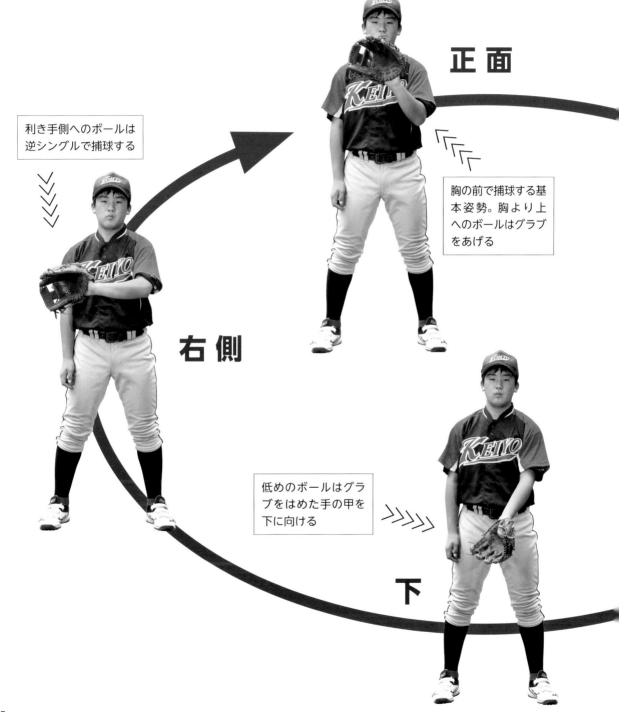

ボールの方向にヘソを向けよう

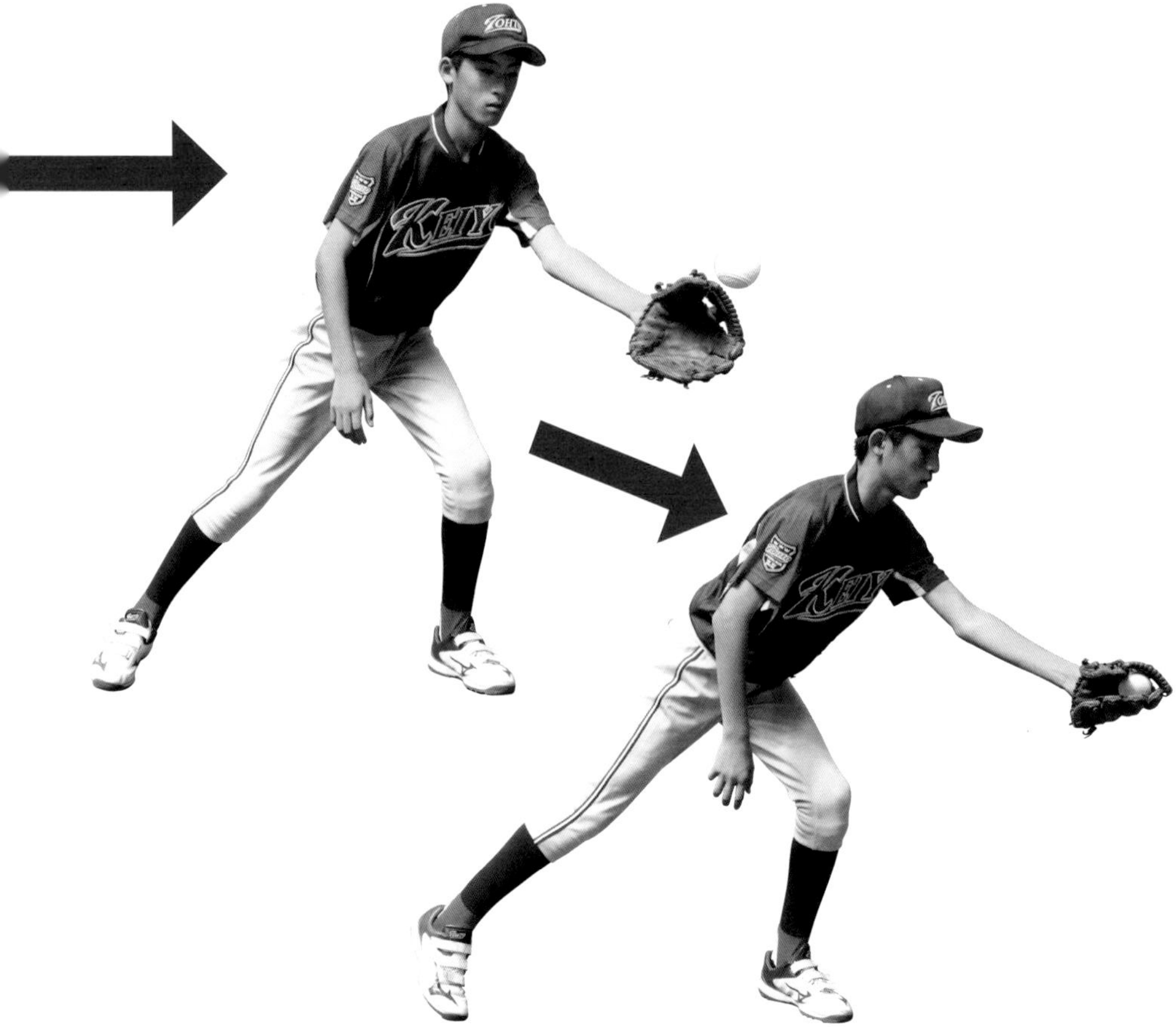

ねらい

グラブだけで捕ろうとしない

キャッチボールでも送球や打球の処理でも、腕を伸ばしてグラブだけで捕ろうとすると、ボールの勢いに負けて落球してしまいエラーの原因になります。グラブだけでなく、ボールが飛んでくる方向にカラダを向け、しっかり捕球しましょう。

ポイント

ヘソの向きがポイント

正面のボールを正対して胸で受けるように、右側のボールは右向きに、左側のボールは左向きに、ボールの飛んでくる方向にヘソを向けると、自然とカラダがボールを捕りやすい方向に向きます。

NG!!

手だけで捕りにいく

ボールの方向にカラダを向けず、手だけで捕りにいくと、ボールの勢いを吸収しきれず、後ろにそらしたり、はじいたりする原因になる。最悪でもカラダにぶつけて前に落とせるように、ボールの方向にヘソを向けて捕ろう。

足を踏み出して捕球しすばやく返球

ねらい

捕球したら返球

実戦では捕る動作と、投げる動作は一連の流れの中でおこなわれます。グラブ側の足を踏み出して捕球したら、今度は逆側の足を踏み出し、そのまま返球動作へと移ります。捕球、返球のときに動きを止めないように注意しましょう。

ポイント

ヘソをボールに向けて捕球

歩きながらの捕球でもヘソをボールの方向を向けて捕るようにしましょう。返球するときは、ボールを投げる方向にまっすぐ足を踏み出します。

練習ドリル①

素手でゴムボールキャッチ

[やり方]

1 両手を広げてかまえの姿勢をとる

2 飛んできたゴムボールをキャッチする

ねらい

グラブの扱《あつか》いに慣れていない初心者向けの練習ドリルです。グラブをせずにゴムボールを素手で捕ることで、捕球する感覚を養《やしな》います。最初は両手で、慣れてきたらグラブをはめる手だけでキャッチしてみましょう。

ポイント

最初のうちは正面へのボールは怖いので、カラダの左右に投げてもらいましょう。左右へのボールは手だけを伸ばして捕るのではなく、ボールが飛んでくる方向にカラダを向けて捕るようにします。

グラブに当てて落とす

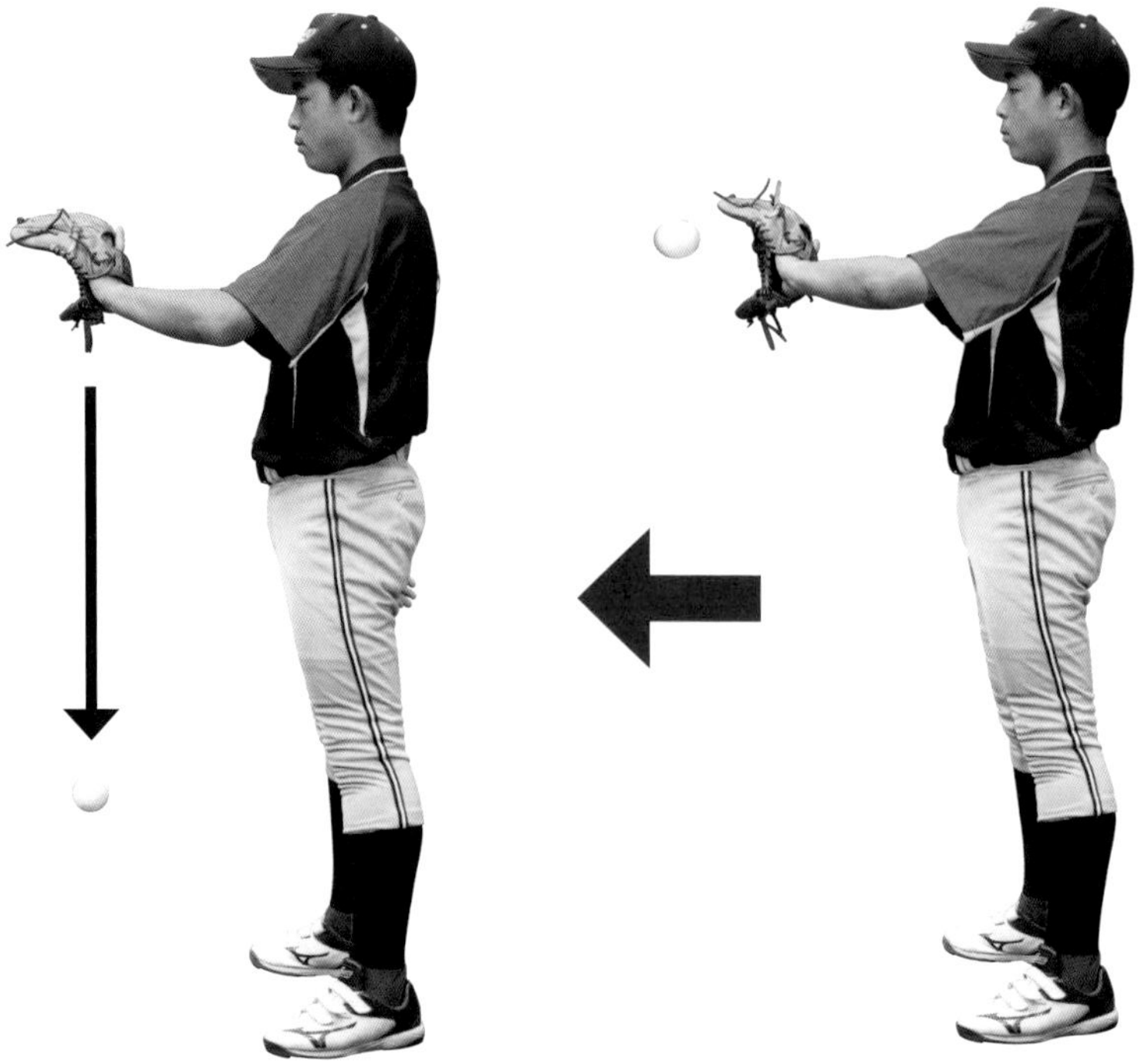

NG!!

ボールが前に弾き出される

ボールに対してグラブが直角に出されていないと、勢いを吸収しきれないため、前にはじき出されてしまう。

[やり方]

1 グラブの面を相手に向けてかまえる
2 きたボールをポケットでキャッチせず、当てて下に落す

ねらい

ボールに対してグラブを直角に出す感覚をつかむ練習ドリルです。投げてもらったボールは捕らずに、グラブに当てて落とします。ボールに対してグラブを直角に出せていれば、ポケットで勢いが吸収《きゅうしゅう》され、ボールは真下に落ちます。このときのグラブの角度を覚えておきましょう。

練習ドリル③

握りかえ

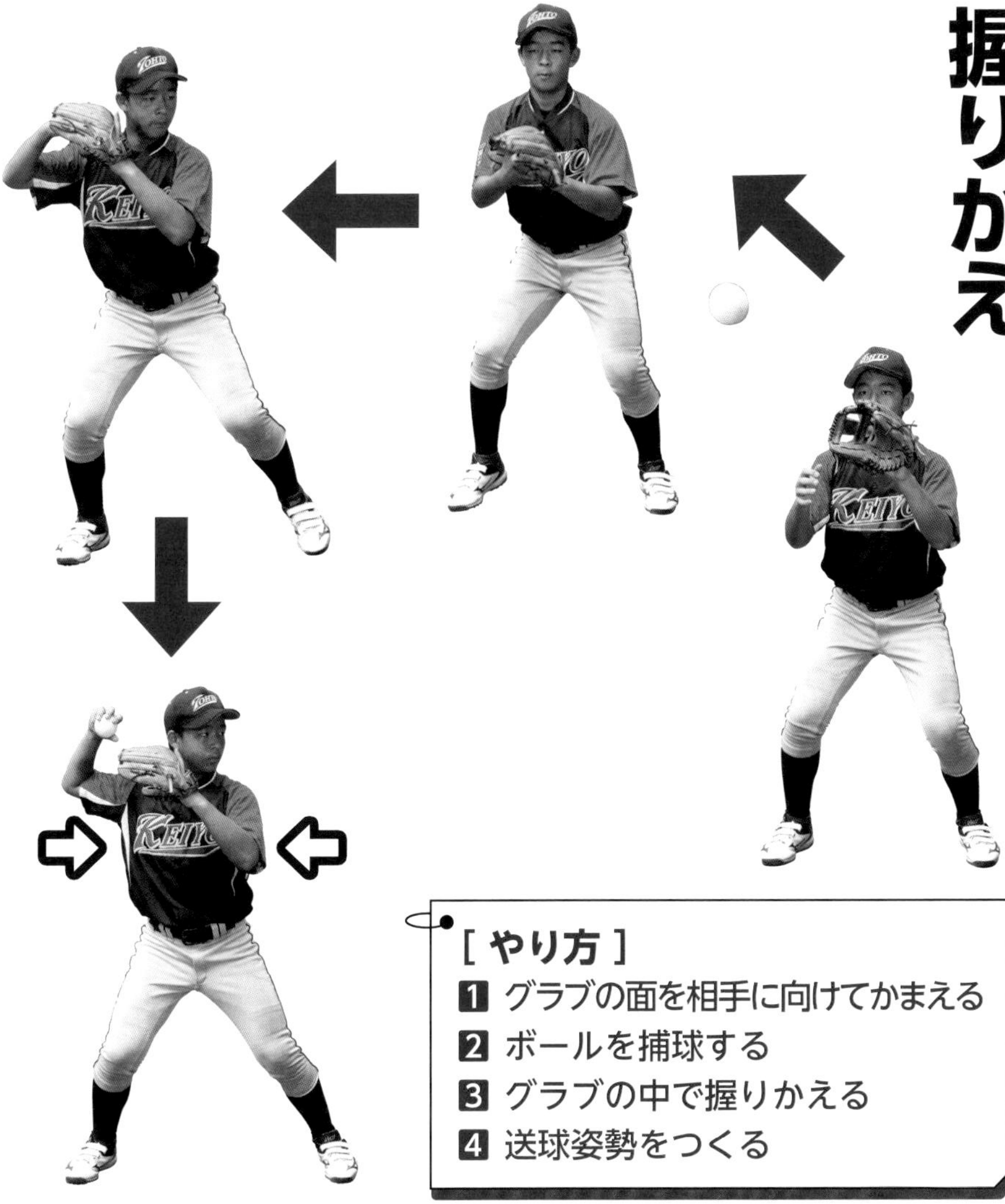

［やり方］

1. グラブの面を相手に向けてかまえる
2. ボールを捕球する
3. グラブの中で握りかえる
4. 送球姿勢をつくる

ねらい

ボールは正しい握り（24ページ）で投げないと、コントロールが定まりません。捕球したボールを素早く握りかえ、送球動作に移れるよう、日頃から練習を繰り返しておきましょう。

ポイント

ボールを握りかえたら、利き手とグラブをはめた手を、大きく開き、送球姿勢をつくります。カラダの中心から左右に「割れ」をつくることで、カラダがねじれて速い球が投げられるようになります。

Column 1

足の指を鍛えよう

みなさん、土踏《つちふ》まずはありますか？　土踏まずとは足裏の地面につかない部分のことです。このアーチ状のくぼみが、歩いたり、走ったりするときに地面から受ける衝撃をやわらげ、地面を蹴るときのバネの役割もはたしています。

土踏まずは生まれつきあるものではなく、幼少期からの運動を通して足裏《あしうら》の筋肉《きんにく》が鍛《きた》えられることで、小学校低学年頃までに形成されていきます。

ところが近年は幼少期に外遊びをする機会が減っていることもあり、土踏まずが形成されない扁平足《へんぺいそく》の子が増えています。扁平足だと足にかかる負担が大きいので疲れやすくなったり、ケガをしやすくなったりするだけでなく、バランスがうまく取れず、俊敏性《しゅんびんせい》にも欠け、野球のプレーにも悪影響を与えてしまいます。

土踏まずをしっかり形成するには、足裏や足の指の力をつける必要があります。敷いたタオルを足裏を使って手前に引き寄せていく「タオルギャザトレーニング」や、足の指でグー（足の指を曲げて閉じる）、チョキ（足の親指を立てる）、パー（足の指を立てて開く）をつくる「足指じゃんけん」など、足の指を鍛えるトレーニングを練習メニューに取り入れてみましょう。

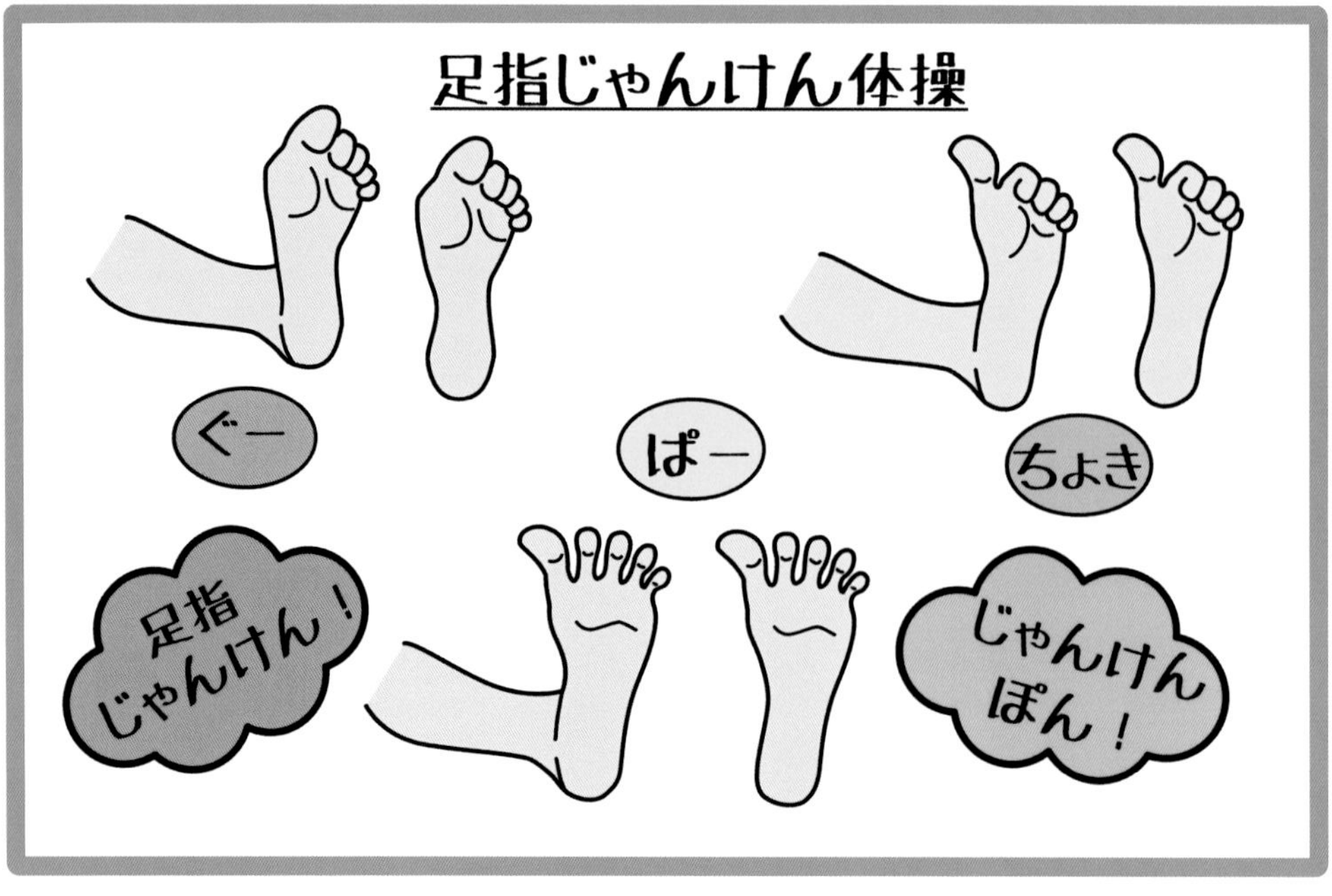

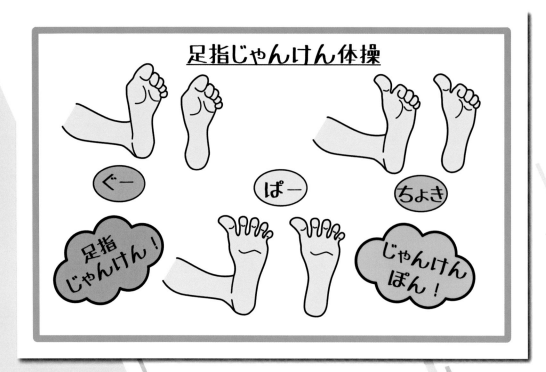

第2章

投球がうまくなる！ 投げ方の基本

野球は守備の場面ではどのポジションの選手もボールを投げる機会があります。しっかりボールを投げるための握り方から、ゼロポジションのつくり方、下半身の使い方まで紹介していきます。

人さし指・中指と親指で二等辺三角形をつくる

ねらい

手から放しやすく、きれいに回転するように握る

ボールは手から放しやすく、きれいに回転するように握ります。人さし指と中指は指一本分あけ、真下に親指がくるようにします。手のひら全体でボールをつかむように強く握ると、放しづらくなるので、手のひらとボールの間にすきまをつくり、軽く握るようにしましょう。

ポイント

二等辺三角形をつくる

ボール上側の人さし指・中指と、下側の親指で二等辺三角形《にとうへんさんかくけい》ができるのが理想的。正面からボールを見て指の位置を確認してみよう。

NG!!

がっちり握る

手のひらとボールの間にすきまをつくらずがっちり握ると、ボールを放しづらくなりコントロールが乱れてしまう。

×

❷ まっすぐ立つ

軸足でまっすぐに立つ

ねらい

まっすぐ立って、まっすぐ踏み出す

ボールを投げるとき、軸足（後ろ側の足）にのせた体重を、踏み出す足（前側の足）にのせかえて、ボールに力を伝えます。このときに投げる方向につま先を向けて、まっすぐ足を踏み出せないと、ボールに力が伝わりません。足を上げたときにまっすぐに立つことで、まっすぐ前に足を踏み出すことができ、力強いボールを投げられるようになります。

NG!!

上体が傾いてしまう

足を上げたときに後ろに上体が反っていると、足を外側に踏み出して、ヒザから力が逃げてしまう。足を上げたときに上体が前に傾いていると足を内側に踏み出し、腰が回り切らないのでボールに力が伝わらない。

ゼロポジションから投げる

ヒジが肩よりも上になる
この位置がゼロポジション

ねらい

ゼロポジションとは?

肩甲棘《けんこうきょく》と上腕骨《じょうわんこつ》が一直線になる位置をゼロポジションといいます。肩、ヒジの関節が安定し、力をもっとも発揮できるこの位置がボールのリリースポイント（手から放す位置）になります。常にこの位置からボールをリリースできるようになれば球速のアップや、コントロールの安定につながります。

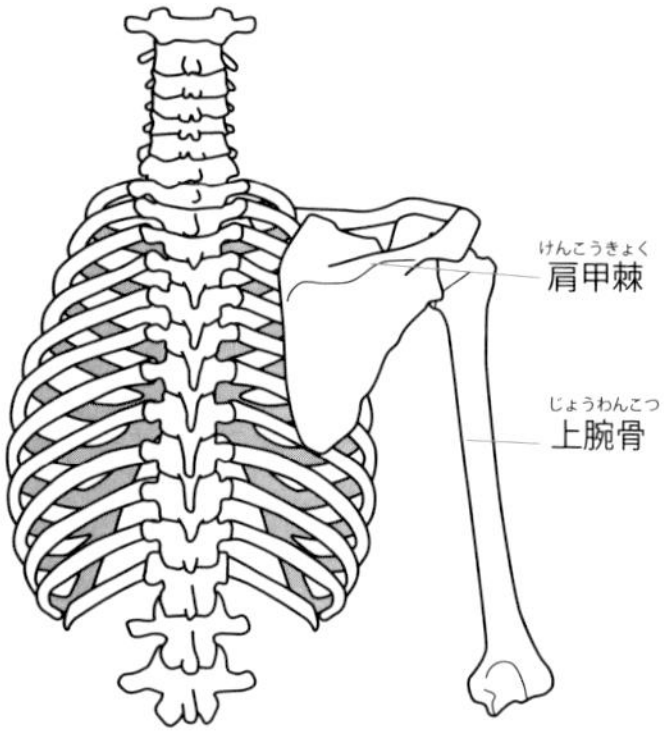

肩からヒジが一直線になるゼロポジションでボールを放す

ポイント

ケガの予防になる

ボールを投げる動作は、人間本来のカラダの動きではないので、肩やヒジに無理がかかってしまいますが、ゼロポジションでボールをリリースすることでカラダへの負担が減り、ケガの予防につながります。ゼロポジションの位置は人によって異なるので、28ページからの練習ドリルで自分のゼロポジションを知っておきましょう。

大きいボール投げ

[やり方]

1. 頭の後ろで手を組むようにして両手でボールを持つ
2. 前に向ってボールを放り投げる
3. ボールから手が放れ、肩とヒジが一直線になった位置がゼロポジション

ねらい

ゼロポジションを確認

バスケットボールやバレーボールなど大きなボールを投げることで、自分のゼロポジションを確認できる練習ドリル。両手でボールを持ったら頭の後ろまで持ってきて、前に向って放り投げます。自然に手が放れた位置がゼロポジションになります。

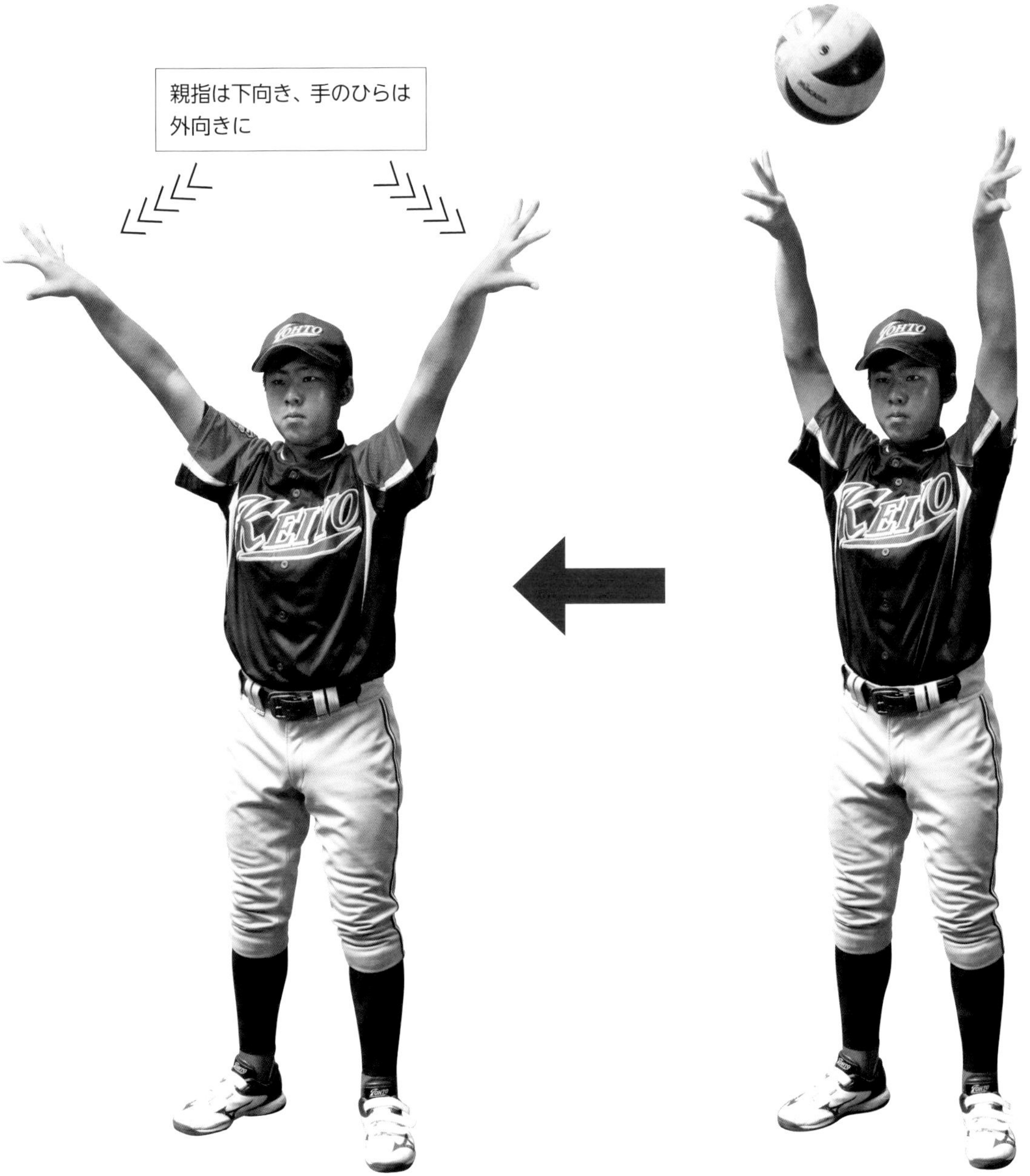
親指は下向き、手のひらは外向きに

両手投げ

[やり方]

1. 左右それぞれの手に野球のボールを持ち、ヒジを支点にして頭の後ろまで引く
2. 左右同時に45度に向ってボールを放り投げる
3. ゼロポジションの位置を意識してボールをリリースする

ねらい

実際に近い形でゼロポジションを確認

大きなボール投げで自分のゼロポジションの位置がわかったら、今度は野球のボールを左右の手にそれぞれ持って、同じように前に投げてみよう。

両手のボールはゼロポジションでリリースします。大きなボール投げるよりも実際に近い形でゼロポジションの位置を確認することができます。

ゼロポジションで左右同時
にボールをリリース

ペットボトルシャドー

［ やり方 ］

1. ペットボトルに2/3くらい水を入れて、親指を下、小指を上にして握る
2. ヒジから腕を上にあげていき、ペットボトルを頭の後ろまで持ってくる
3. 上半身を回転させ、水がこぼれないようにして腕を振り切る

ねらい

内旋、外旋動作を身につける

ボールを投げる動作は、内旋《ないせん》（腕を内側にねじる動き）と外旋《がいせん》（腕を外側にねじる動き）の組み合わせで成り立っています。ペットボトルを使ったシャドーピッチングでは、水をこぼさないように腕を振ることで、ボールを投げるときに理想的な内旋、外旋の動きを身につけることができます。

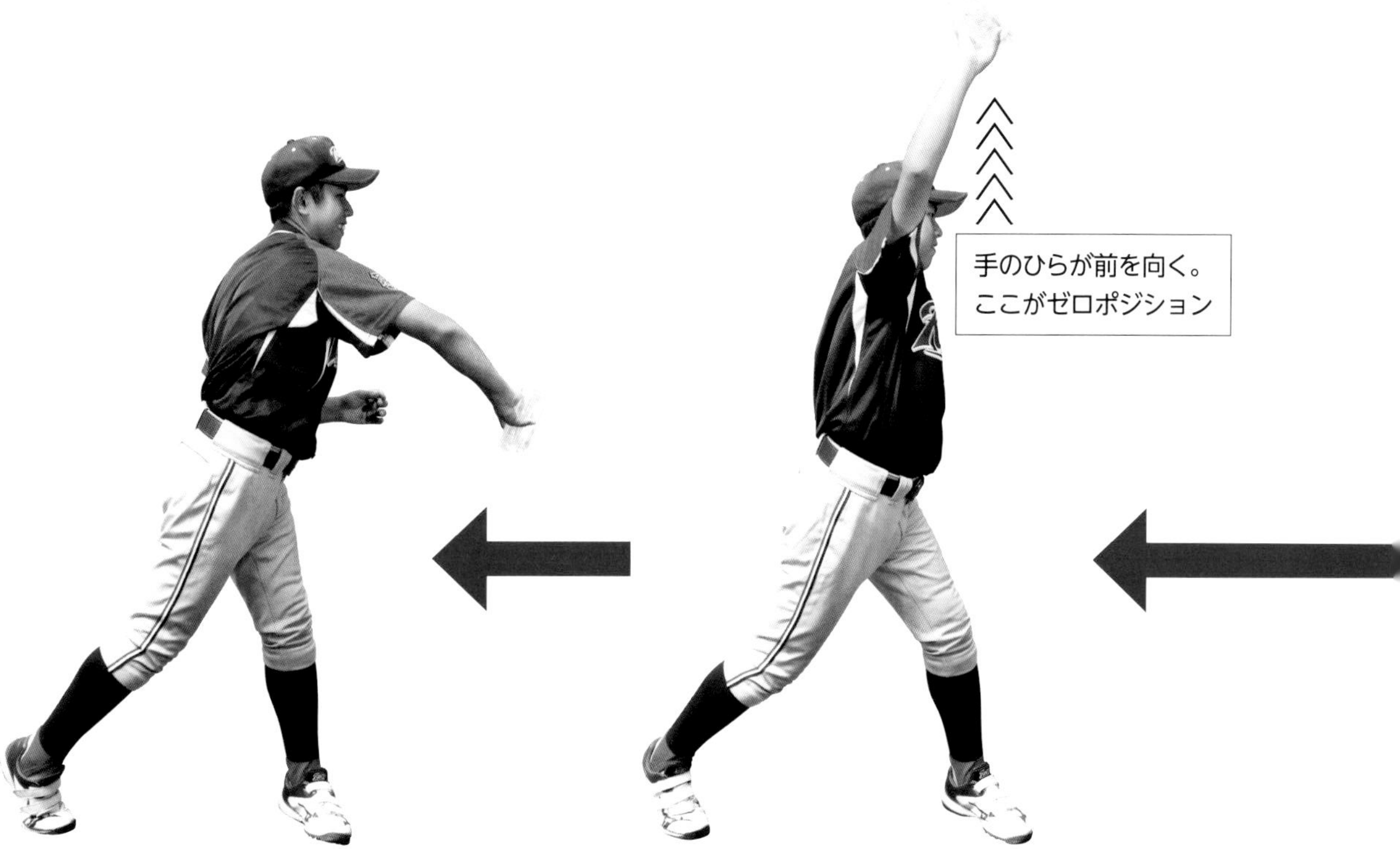
手のひらが前を向く。
ここがゼロポジション

NG!!

水がこぼれる

正しい腕振りができていないと、ペットボトルの口が下を向いてしまう。途中で水がこぼれたら腕の使い方を見直そう。

ワンポイントアドバイス

腕の内旋、外旋の動きが身につき、しなやかな腕振りができるようになります。正しく腕が使えていると、リリースポイントの瞬間だけ手のひらが投げる方向を向くので、ゼロポジションの位置を確認することもできます。

タオルたたき

ねらい

リリースの感覚をつかむ

上から垂《た》らしたタオルの先端を、ゼロポジションでたたく練習ドリル。ゼロポジションでリリースする感覚をつかむだけでなく、正しいリリース位置を確認できるのでヒジが下がってしまったり、前に出てしまったりするフォームの矯正《きょうせい》にも効果があります。

[やり方]

1. ゼロポジションの位置を確認し、上からタオルを垂らす
2. シャドーピッチングの要領で腕を振る
3. ゼロポジションの位置でタオルの先端をたたき、腕を振り切る

ワンポイントアドバイス

ゼロポジションが高い位置になるので、腕を振る人がイスに座るか、立っておこなう場合は、棒などにタオルをつけて垂らしましょう。

片手投げ

ねらい

片手で投げる意味、効果

大きなボール投げ、両手投げと同じくゼロポジションの位置を確認します。

これまでのドリルは両手でおこないましたが、このドリルは片手でおこないます。利き手で握ったボールをゼロポジションでリリースする感覚をつかみましょう。

[やり方]

1 利き手で野球のボールを持ち、手をあげる
2 ヒジを支点にしてボールを45度の方向に投げる
3 ゼロポジションの位置を意識してボールをリリースする

ワンポイントアドバイス

大きいボール投げ、両手投げでゼロポジションの位置を確認し、段階を踏んでおこないます。ヒジを支点にして、前方約45度方向へボールを投げることを意識しましょう。

カラダひねり投げ

ねらい

ゼロポジションドリルの総仕上げ。実際にボールを投げるときと同じように、利き手でボールを持ち、反対の手にグラブをはめて、利き手側に上半身をひねりボールを投げます。ゼロポジションでリリースする感覚を投球動作に落とし込んでいきましょう。

[やり方]

1. グラブとボールを手にして立つ
2. 上半身を利き手側にひねり、利き腕を後ろに引く
3. ボールを45度の方向に投げ、腕を振り切る

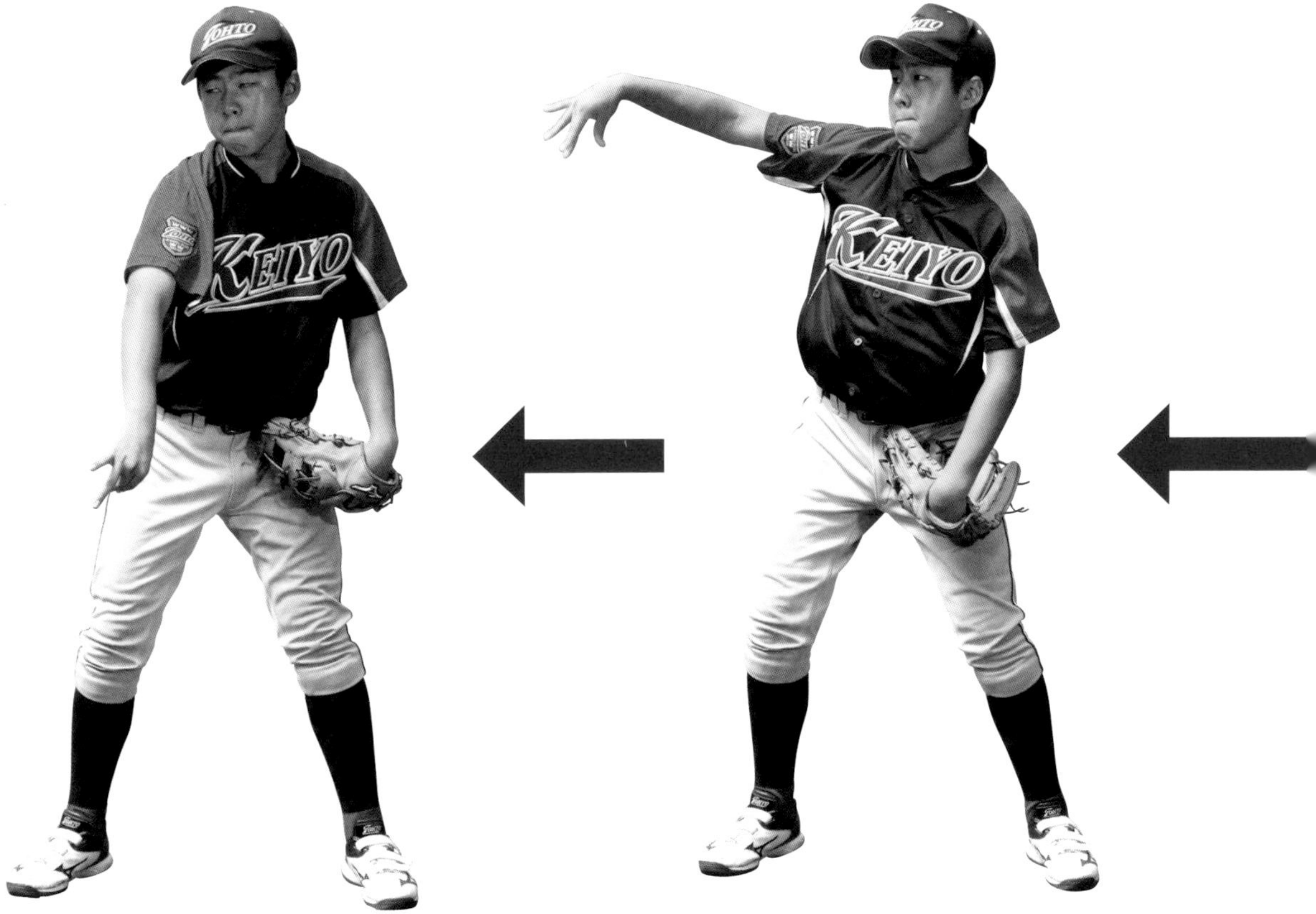

ワンポイントアドバイス

実際にボールを投げるときと同じように、上半身の回旋動作を加えるのが、このドリルのポイント。利き手側に45度くらい、しっかり上半身をひねってボールを投げましょう。

足を前に出して投げてみよう

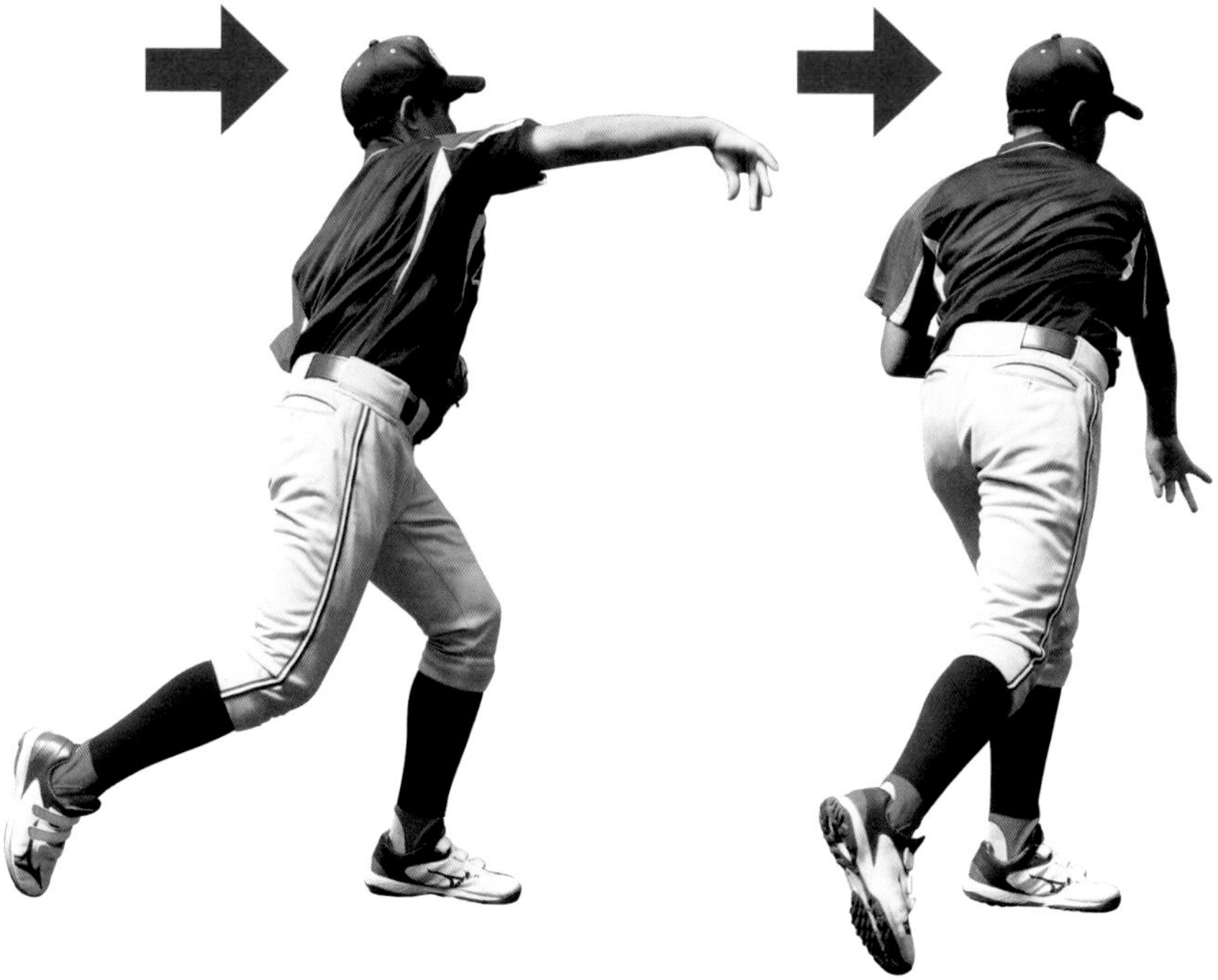

ねらい

股関節の体重をのせかえる

ボールを投げるときには軸足の股関節《こかんせつ》にのった体重を、ステップする前足の股関節へと移動させます。

この一連の動作は、足を前に出しステップした状態をつくってボールを投げることで身につきます。両足の位置を固定してボールを投げることで、ステップした勢いで体重移動するのではなく、意識的に股関節の体重をのせかえる感覚をつかむことができます。

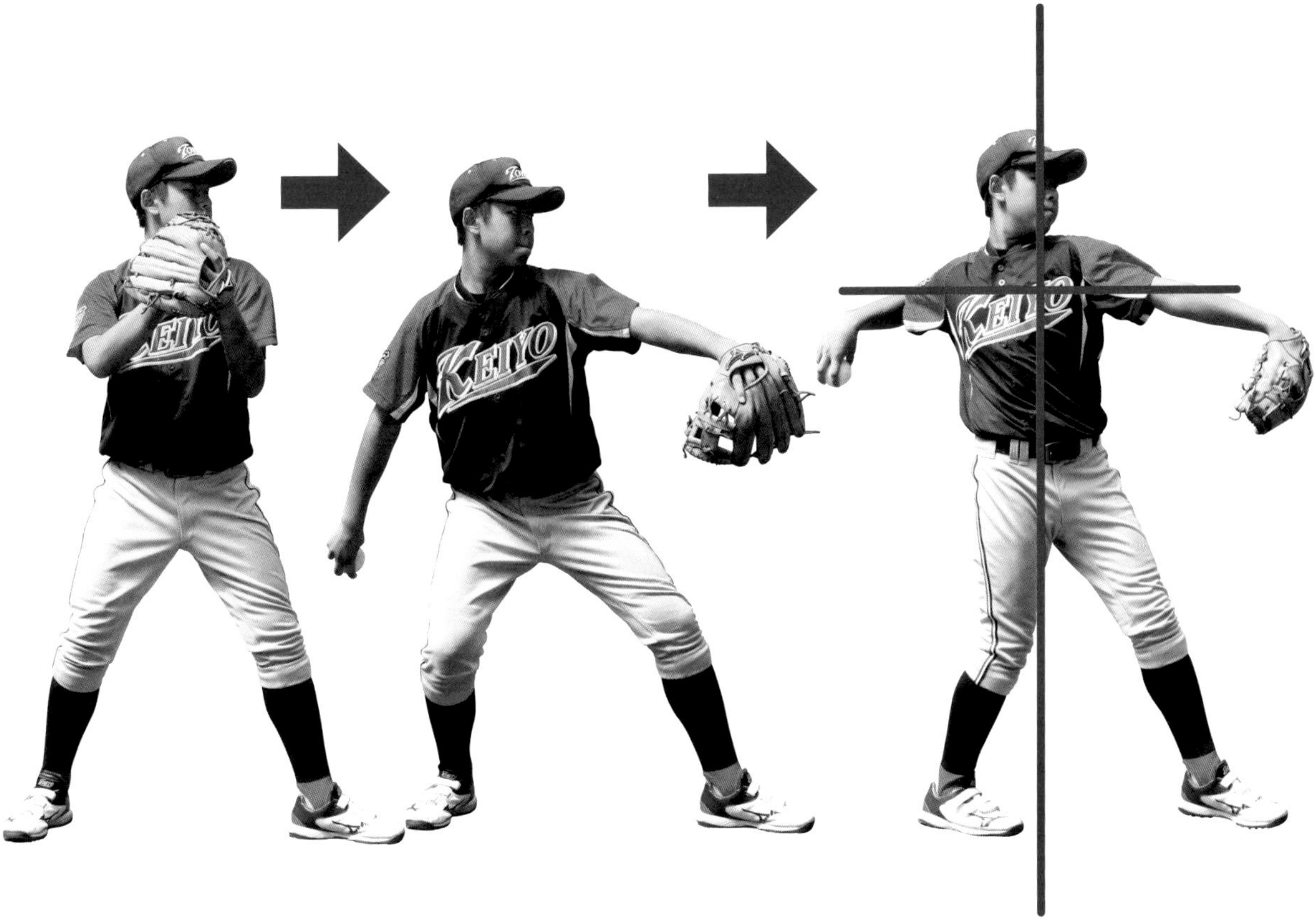

ポイント

上半身だけで投げようとしない

足はステップ幅にあわせて開きます。上半身だけで投げようとするとカラダがひねりきらず、ボールがまっすぐ投げられません。股関節の体重移しかえを意識すると、カラダがひねられ、腰が回るので、ボールをまっすぐ遠くに投げられるようになります。

「割れ」も意識しよう

左から三番目の写真は、上半身と下半身が異なる動きをしているため、カラダがひねられ中心から「割れ」た状態。割れをつくることでパワーのあるボールが投げられるので、股関節の動きとあわせて意識しましょう。

歩きながら投げる

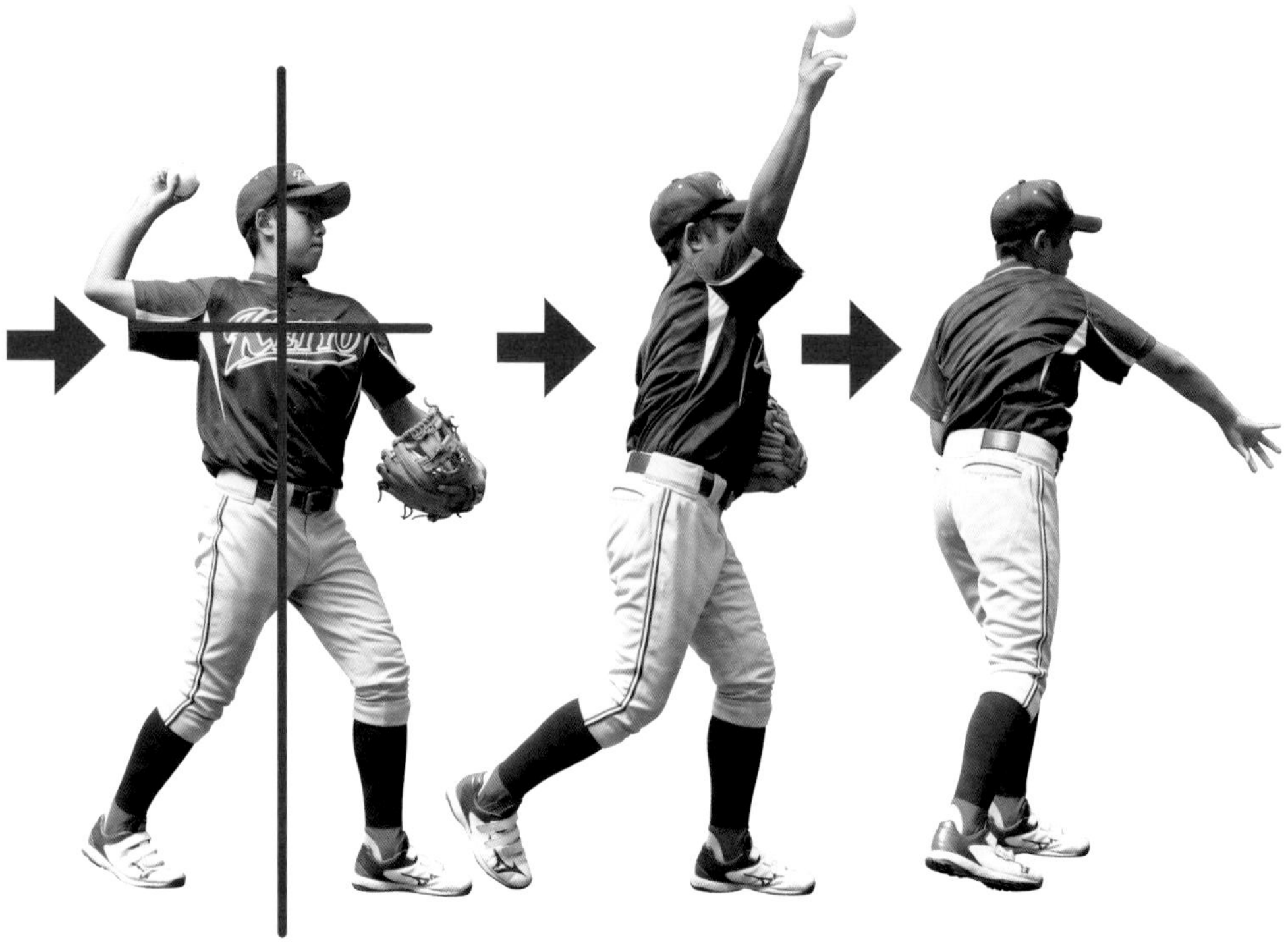

ねらい

投げるリズムとバランス感覚をつかむ

歩くという動作には「体重移動」、「方向性」、「バランス」という、運動の基本となる要素が含まれています（10ページ）。このトレーニングでは、歩きながらボールを投げることで、投球時のリズムとバランス感覚をつかむことをねらいとします。この動きを習慣づけておくことで、どのような場面でも投げる方向に体重移動し、割れをつくってボールを投げることができるようになります。

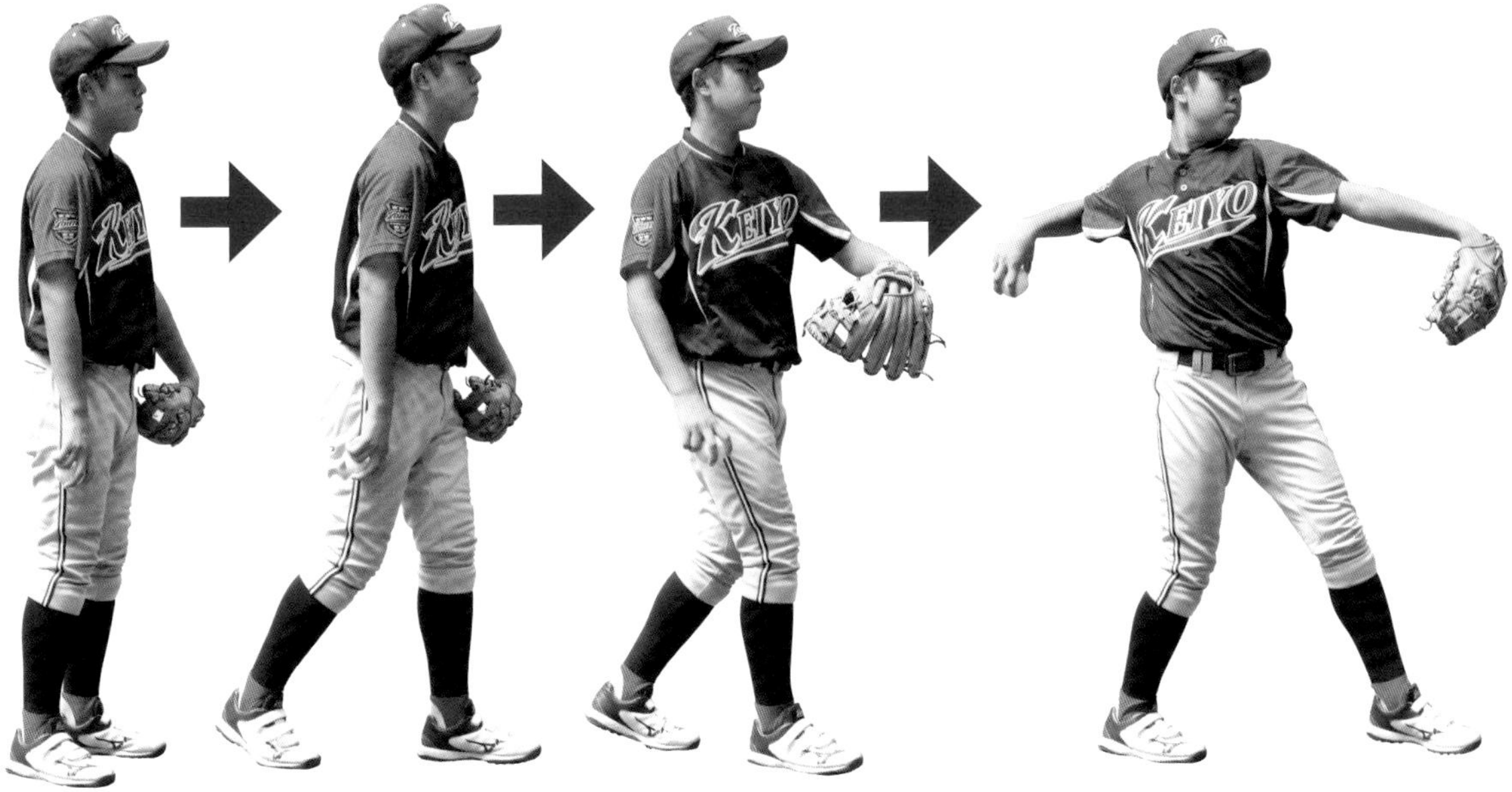

ポイント

2～3歩歩いて投げる

正しい歩き方を意識し、カラダを左右にブラさず、つま先をまっすぐ前に足を踏み出します。2～3歩歩いたら、踏み出した軸足に体重をのせ、投球動作に移ります。途中で流れを止めずスムーズにおこないましょう。

支点の移動を意識する

ねらい

後ろから前へ支点を移動

ボールを投げるとき、体重を軸足に残した後ろ支点から、ステップした足に移しかえ前支点にすることで、ボールに力が伝わります。このトレーニングでは前支点、後ろ支点を繰り返してから、ボールを投げることで支点の移動する感覚をつかむことをねらいとします。

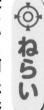

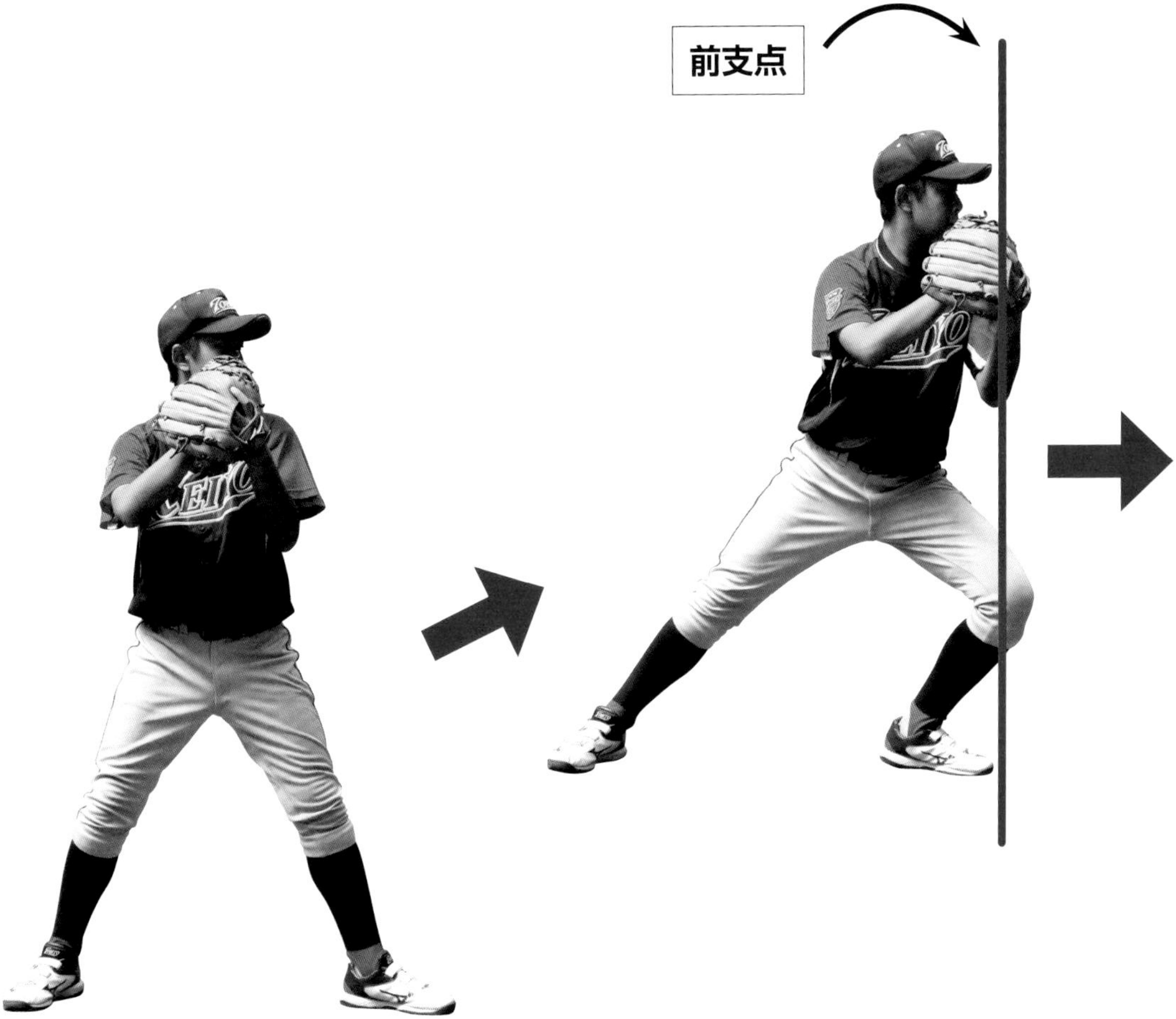

ポイント

両肩のラインを水平に

前足をステップし前支点をつくってから、軸足に体重を戻し後ろ支点をつくり、再び前支点の状態をつくってボールを投げます。前支点、後ろ支点を2～3度繰り返してから投げるとより効果的です。支点を移動するときは、実際の投球と同じように、肩を上下させず、両肩のラインを水平に保つようにしましょう。

前の肩を後ろの肩にのせかえてフィニッシュ

ねらい

肩ののせかえで下半身を回転

ボールの投げ終わりにバランスが崩れると、良い球は投げられません。つま先をまっすぐ前に向けてステップし、ボールをリリースしたらカラダの中心を軸にしてバランスよく回転させます。このときに前の肩に後ろの肩をのせかえるイメージで腕を振ると下半身が回転し、カラダにより強いひねりが加わります。

ポイント

ベルト付近でフィニッシュ

ボールをリリースしても球筋から目を切らず、完全にステップした足に体重がのったら、振り切った手をベルト付近に収めてフィニッシュになります。

NG!!

足をまっすぐ踏み出さない

足をまっすぐ踏み出さないと、前の肩と後ろの肩ののせかえができず、ボールのコントロールもままならない。

Column ❷

投球時の指先の感覚をつかもう

ボールを投げるときの指先の感覚はとても重要です。カラダ全体でつくり出したパワーを、最終的にボールに伝えるのが指先だからです。

ボールは人さし指、中指、親指の３本の指で握り、リリースするときにまず下側の親指を離し、つづけて上側の人さし指、中指をしならせてはじき出すように放します。この指の使い方を「ボールを切る」といいます。しっかり指先でボールが「切れ」ていると、球にパワーが伝わり、きれいに回転するので、スピードがアップし、コントロールも良くなります。

ボールを切るのは感覚的なことなので、ひたすらボールを投げて、良いときのイメージを覚えておくしかありませんが、「お風呂でボール切り」という簡単に感覚をつかめる練習法があります。文字通りお風呂でボールをリリースするだけなのですが、水中では浮力が働き、ボールが浮き上がってくるので人さし指と中指で切る感覚を、より強く感じることができます。

ボールを切る感覚は、神経系が発達し終わってからでは身につきにくいといわれています。成長期である小中学生年代に繰り返し練習し感覚をつかんでおきましょう。

第3章

送球がうまくなる！キャッチボール

野球の守備において、大事な基本となるのはキャッチボールです。やり方しだいでは、単なるウォーミングアップではなく、守備の技術を高める重要な練習となります。

① 頭上投げ

リリースするときの指先の感覚を養う！

ねらい

ボールを頭の真上に投げることで、リリースするときの指先の感覚や、ボールを回転させる感覚を養います。ボールにきれいな回転がかかると真上に投げたボールは、真下に落ちてきます。リリースのタイミングがズレていたり、回転が悪いと、ボールが真上に上がらなかったり、真下に落ちてこなかったりするのでチェックしてみよう。

[やり方]

1. 頭の真上に向けてボールを投げる
2. 落ちてきたところを捕球する

ワンポイントアドバイス

真上に上がり、真下に落ちてくる球を投げるには、ボールにフォーシームの回転をかけなければなりません。フォーシームとはボールが一回転する間に４回縫い目が見えること。まんべんなく縫い目が回転するので空気抵抗が少なく、ボールにきれいな回転をかけることができます。

フォーシームの握り。きれいに回転がかかれば、一回転する間に4回縫い目が見える

目標までの距離感、力の入れ具合を調整

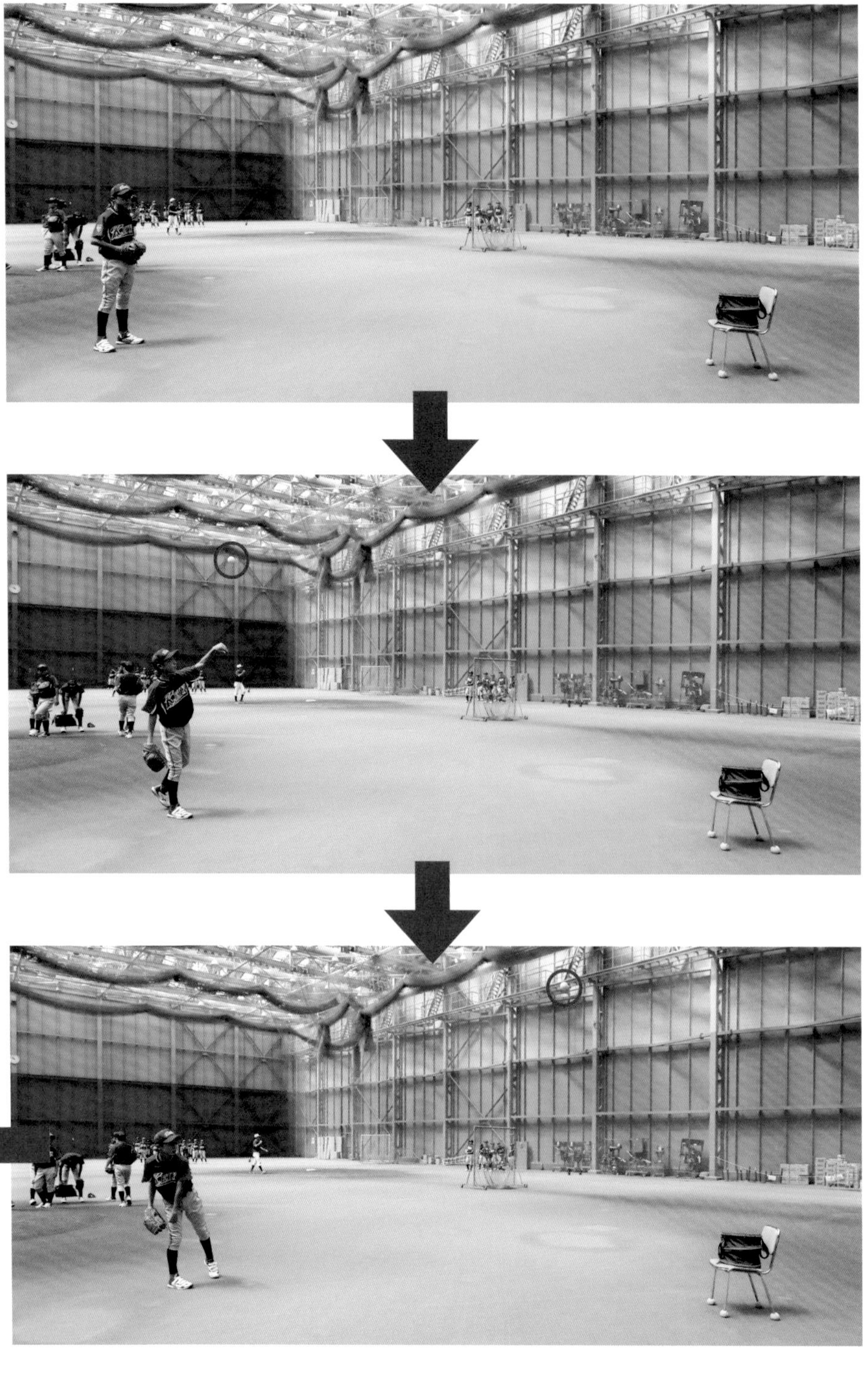

ねらい

パラボリックスローはカゴや箱などの目標をねらって、山なりのボールを投げる練習ドリルです。ボールを遠くに投げるときと、近くに投げるときでは、力の入れ具合は変わってきます。このドリルを繰り返しおこなうことで、指先の感覚や目標までの距離感がつかめるようになり、力の入れ具合を調整しボールをコントロールできるようになります。

[やり方]

1. 10mくらいの距離をとり、カゴや箱などの目標物を置く
2. 目標をねらって山なりのボールを投げる

※1セット10球を目安に3セット

ワンポイントアドバイス

目標をねらって投げることで、距離をつかむ感覚を養うことが、このドリルの目的。カゴや箱などの目標にボールが入らなくてもかまいません。

ボールの大きさや重さを変えておこなうと、ボールを握ったときに、手のひらや指先でボールの違いを判断し、力の入れ具合を調整する力が働きます。軟式球だけでなく硬式球やソフトボール、テニスボールなどいろいろなボールで試してみましょう。

切り返しての体重移動、カラダの感覚をつかむ

ねらい

左、右、後ろ方向へカラダを切り返しての送球は主に内野手に多い動きです。十字キャッチボールは、切り返しでの体重移動やカラダの向きの感覚をつかむ練習ドリルです。捕球、切り返し、ステップ、送球という一連の動きをすばやく、正確に行えるようになりましょう。

[やり方]

1 十字の線を引き、配球役が線の重なる中央に立ち、捕球役の４人を前後左右にそれぞれ配置する。間隔は10m程度

2 配球役が捕球役のいずれか一人に送球し、捕球役が配球役に返球する

3 配球役は返球を受けたら、カラダを切り返し、別の捕球役に送球する。時計周りなどあらかじめ決めておいた順番で続けていく

ワンポイントアドバイス

捕球後のボールの握りかえがすばやくできると、悪送球を防ぐことができます。握りかえしやすいように、捕球はカラダの中心でおこない、グラブは動かさないように意識しましょう。

悪送球を防ぐには、カラダの向きも重要です。送球する方向にしっかりカラダを向け、まっすぐに踏み込んでボールを投げましょう。

前

右

後ろ

左

「十字ステップ」を身につける

投げる方向にまっすぐに足を踏み出すのはどの向きも同じ

ねらい

ダブルプレーに必要なステップを覚える

十字キャッチボールを上手にこなすには、投げる方向にカラダを切り返すときの足運び「十字ステップ」を身につける必要があります。前後左右それぞれの方向にステップするコツをつかもう。

● 左方向へのステップ

内野手の一塁送球など一番オーソドックスなステップ。ボールを捕ったら、送球方向に半身になり、前側の足を送球方向にまっすぐ踏み出す。つづけて後ろ側の足を前側の足に送るようにステップする。

● 右方向へのステップ

右利きの一塁手や二塁手がダブルプレーをねらうときのステップ。ボールを捕ったら、右足を軸にしてグラブを中心にカラダを半回転させ、左足を送球方向にまっすぐ踏み出す。

● 後ろ方向へのステップ

外野からの返球を受けバックホームする中継プレーでの動き。カラダを切り返す方向にやや半身になってボールを受け、右足を軸にして後方へ半回転。左足を送球方向にまっすぐ踏み出す。

試合の場面を想定した送球・捕球をおこなう

全体のねらい

ねらった場所へ送球
試合の場面を想定

相手の胸に投げ、自分の胸の前で捕球するのはキャッチボールの基本です。ただし実際の試合では、状況に応じて胸よりも低い位置へ送球したり、捕球しなければならない場面もあります。日頃から胸だけでなく、ベルト、ヒザと低い位置で送球、捕球の練習をしておきましょう。

ねらい

胸への送球・捕球は基本

キャッチボールの基本となる送球、捕球位置です。ただ実際に胸に投げるのは簡単なことではありません。正確にコントロールできたときのリリースポイントや、指へのボールのかかりなどを確認しておきましょう。捕るときは送球に対して直角にグラブを出し、ヘソを向けてキャッチしましょう。

● 胸への送球・捕球

[やり方]

1. 捕球者が胸の前でグラブをかまえる
2. グラブを目掛けて送球者がボールを投げる
3. 捕球者がボールをキャッチ

● ベルト付近への送球・捕球

[やり方]

1. 捕球者がベルト付近でグラブをかまえる
2. グラブを目掛けて送球者がボールを投げる
3. 捕球者がボールをキャッチ

ねらい

一塁送球を想定

内野手の一塁送球を想定したキャッチボールドリル。投げる側は一塁手が足を伸ばして捕球するときのベルト付近を目掛けてボールを投げます。捕る側もやや姿勢を低くしベルトの位置でグラブをかまえます。

ヒザ付近の送球・捕球

[やり方]

1 捕球者がヒザ付近でグラブをかまえる
2 グラブを目掛けて送球者がボールを投げる
3 捕球者がボールをキャッチしたら、タッチプレーをするようにグラブを下に落とす

ねらい

タッチプレーを想定

内野手のタッチプレーは、ランナーとの距離が近くなるぶん、低い位置で捕球した方が有利になります。送球は低目をねらいすぎ、ボールがショートバウンドにならないように注意。捕球後は実際のプレーを想定し、グラブをストンと下に落とし、タッチプレーの動きをしよう。

捕球姿勢をチェック！

胸での捕球

ボールの勢いを吸収できるように軽くヒジを曲げてグラブをかまえる。棒立ちにならないようにヒザに余裕を持たせておこう。

ベルト付近での捕球

軽くヒジを曲げ、グラブを正面に向けてベルト付近でかまえる。捕球位置の高さはヒザを使って調節する。

ワンポイントアドバイス

実際のタッチプレーと同じように、送球に対してグラブを直角に出して捕球します。タッチするとき（グラブを下に落とす動き）は、ランナーと接触したときにボールがこぼれないよう、グラブの面を自分に向けましょう。

ヒザ付近での捕球

タッチプレーに移りやすいように、ベルト付近での捕球よりも、より深くヒザを曲げ低い姿勢をつくる。グラブの面が下を向かないように注意。

軸足から体重移動してボールに力をのせる

[やり方]

1. 20〜30度くらいの傾斜や台を用意して前足をのせる
2. 一旦、軸足に体重をのせボールを投げる
3. 前足をしっかり踏み込み体重移動の状態をつくる

ねらい

　ボールを投げるときに、軸足にのせた体重をステップする前足にのせかえる体重移動は重要な動きです。軸足に体重が残ったままでは、ボールに力が伝わらず、勢いのある球を、遠くまで投げられないからです。

　このドリルは体重移動がうまくできない人向けの練習法です。台にのせた前足で踏ん張れるので、軸足から体重をのせかえやすく、ボールを投げるときの体重移動の感覚がつかめます。

NG!! 軸足を残したまま投げる

前足で台を踏み込まず、軸足に体重を残したまま投げようとすると、カラダが体重をのせたままの軸足側に傾きバランスを崩してしまう。

前足に体重をのせた状態で投げる練習

［ やり方 ］

1. 20〜30度くらいの傾斜や台を用意して後ろ足をのせる
2. 前足に体重がのった状態をつくってボールを投げる

ねらい

前足に台をのせてキャッチボールと同じく、体重移動が苦手な人のための練習ドリルです。後ろ足を台にのせることで、あらかじめ前足に体重をのせかえた状態をつくってボールを投げることができます。前足に体重をのせかえた状態で、ボールをリリースする感覚をつかみましょう。

ワンポイントアドバイス

前足に体重をのせかえた状態をつくって投げるので、前傾してカラダが開きやすくなります。リリースまでカラダが開かないように、意識してボールを投げましょう。

ラインを意識してまっすぐ踏み出す

[やり方]
グラウンドにラインを引き、前足のつま先をライン上にまっすぐ踏み出してボールを投げる

ねらい

ボールを投げるときは、前足を投げる方向にまっすぐに踏み出さなければなりません。踏み出した前足のつま先が左右どちらかに向いていると、カラダが安定せずコントロールが定まらなくなってしまうからです。

この練習ドリルでは、ライン上でボールを投げることで、前足をまっすぐに踏み出しやすくします。「割れ」の状態をつくったときに、両肩をライン上にのせるイメージで、前足のつま先だけでなくヒザ、利き腕のヒジがまっすぐ前を向くように意識してボールを投げましょう。

NG!!

まっすぐに踏み出せない

インステップ

足を内側に踏み出すインステップ。下半身の力を上半身に伝えきれないので力のあるボールが投げられない。

アウトステップ

足を外側に踏み出すアウトステップ。カラダが早く開いてしまうので、ボールのリリースが早くなりコントロールが定まらなくなる。

すばやく握りかえ、すばやく割れをつくる

● 上からのスナップスロー

テイクバックを小さくしてコンパクトに送球する。捕球から送球まで最短ルートでおこなおう

[やり方]

1. 捕球したらすばやく握りかえ
2. 割れをつくりカラダの回転とともに腕振り
3. ヒジを支点にして前腕をはじくようにボールを投げる

ねらい

スナップスローとは、足を上げる動作やテイクバックを省き、捕球後、すぐに割れをつくって、すばやくスローイングすることです。主に内野手のダブルプレーや、間一髪で送球アウトをねらうときに使います。「スナップ」スローと名前がついていますが、手首のスナップだけを使って投げるわけではありません。捕球したらすばやく握りかえ、割れの状態をつくり、ヒジを支点にして前腕をはじくようにスローイングします。割れの状態からのカラダの回転につられて腕が振られるイメージで投げると良いでしょう。

● 横からのスナップスロー

横手からのスナップスローはすばやく送球することができ実戦向き。ヒジを支点にして前腕をはじくように出す感覚を意識しよう

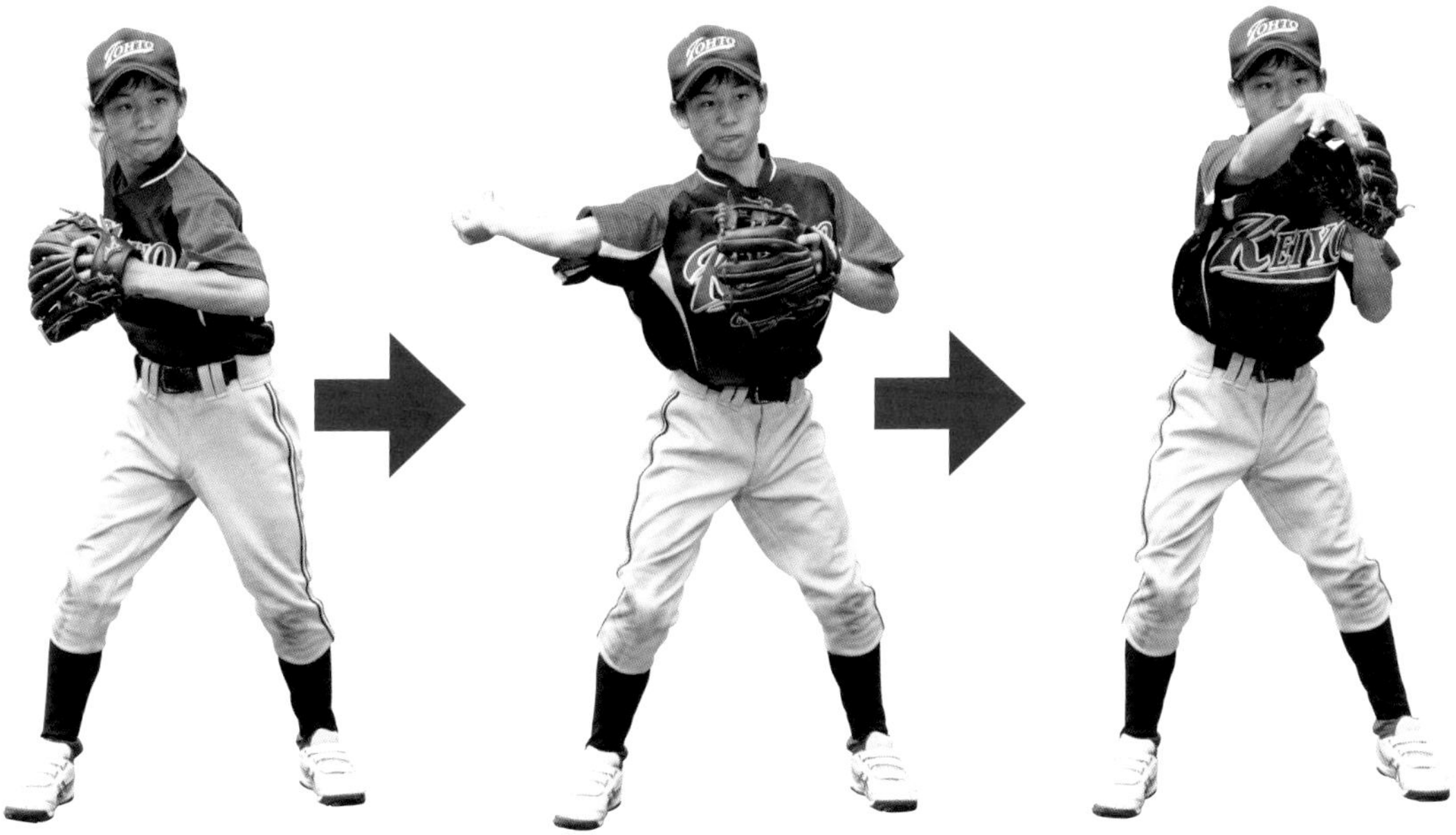

ワンポイントアドバイス

すばやく割れをつくる

捕球したらボールを耳元に持っていき、すばやく割れをつくります。ここからカラダの回転と腕振りを連動させるのがコンパクトに送球するコツです。

送球後のフォローは小さくする。投げ終えた後、捕球する相手を指差す形ができればベスト

● 下からのスナップスロー

ランニングスローのときの送球姿勢。ボールを捕球したら軸足で踏ん張ったままカラダを回転させ、そのまま腕振り。ヒジ支点でコンパクトに送球する

● 股下からのスナップスロー

股下から投げることで、送球するときに手首のスナップを利かせやすくなる。ヒジ支点でボールをはじくように投げる感覚をつかもう。

NG!!

腕が遠回りする

肩を支点にしてスローイングすると、腕が遠回りしてすばやく送球することができない

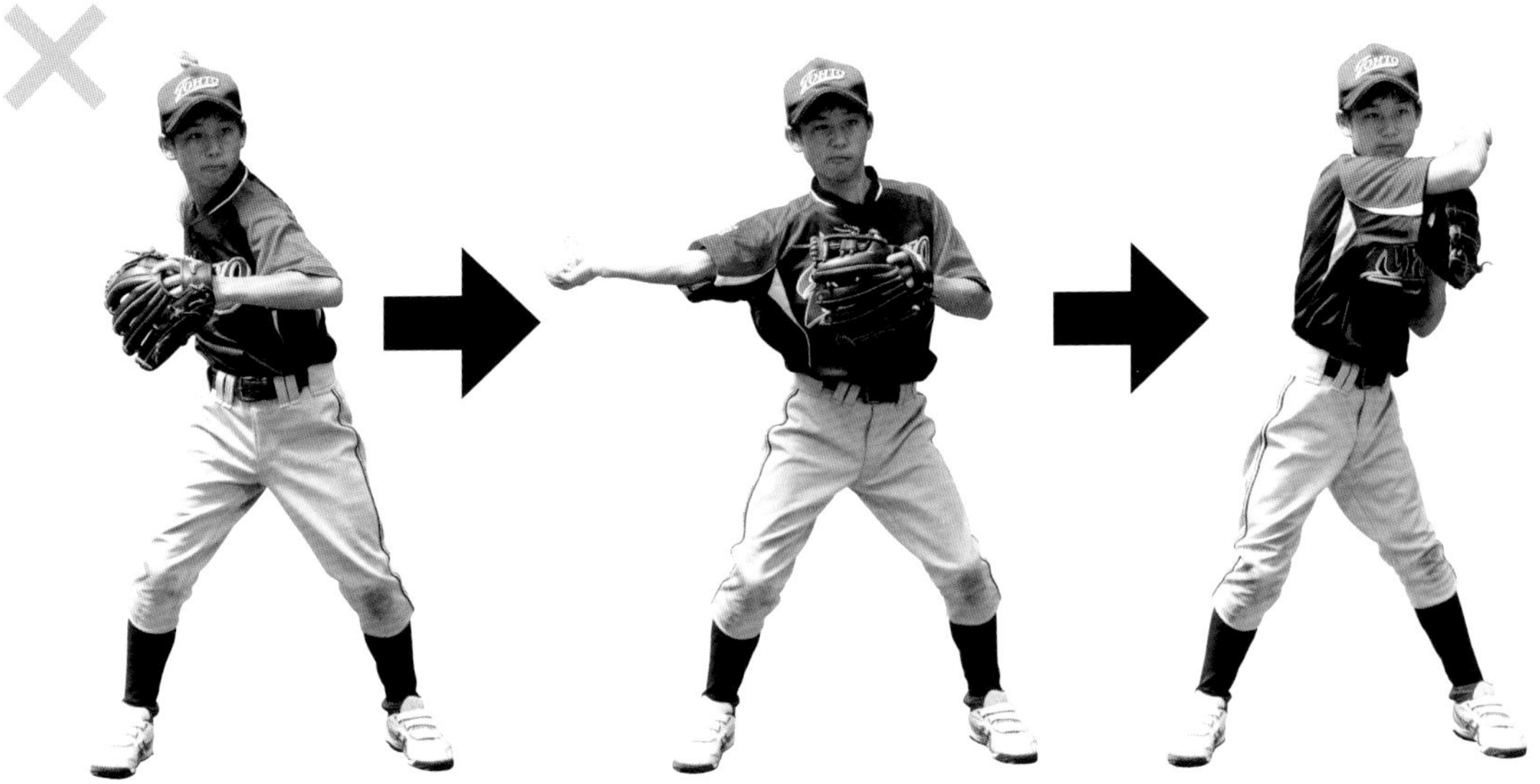

NG!!

手首だけで投げる

スナップは自然と利くものなので手首で投げるのではなく、自然と手首が使われるようにする

NG!!

テイクバックが大きい

テイクバックを大きくとると肩支点になりやすいだけでなく、動きが大きくなるのでコントロールしづらくなる

ダブルプレーを取るときのステップを知る

全体のねらい

ピボットとは二塁手や遊撃手が、ダブルプレーを取るときの動き。ベースの後ろでステップする基本形のほか、ベースの前に出てステップ、ベースを踏みながらノーステップの３種類がある。場面や状況にあわせて使い分けましょう。

ねらい

捕球後にベースの後ろに引いてステップする基本の動き。ベースを左足で踏み、送球を受けたら、左にカラダを切りかえながら右足に体重をのせかえ。左足をボールを投げる方向にステップさせ送球します。

● ベースの後ろに引いてステップし送球

滑り込んでくるランナーとぶつからないように送球はベースの後ろでおこなう

[やり方]

1. ベースを用意し、後ろに立つ
2. 左足でベースを踏みながら捕球
3. 左にカラダを切り返し、ベースの後ろから送球

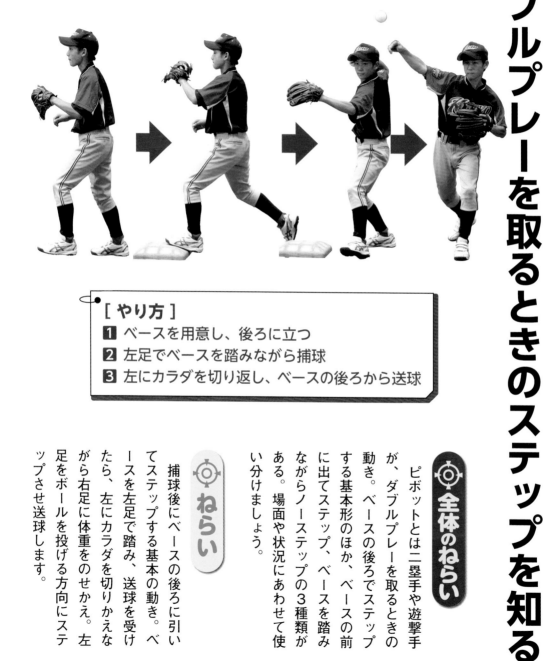

● ベースの前に出てステップし送球

捕球後、上体はそのまま。足だけを動かしてカラダを回転させる

[やり方]

1. ベースを用意し、後ろに立つ
2. 左足でベースを踏みながら捕球
3. 一歩前へ出て左にカラダを切り返し、ベースの前から送球

ねらい

捕球後、前に出てステップするピボットは、後ろに引く基本形よりも動きがコンパクトなので、間一髪のダブルプレーをねらうときにオススメです。

左足でベースを踏み、送球を受けたら、そのまま一歩前へ。左にカラダを切り返し送球します。

● ベース上からノーステップ送球

送球を受けたら、直ちにボールを握りかえ、割れをつくる。ベース上での動きになるので、ランナーとの交錯に注意

[やり方]

1 ベースを用意し、後ろに立つ
2 左足をベースにかけながら、右寄りで捕球
3 左足でベースを強く踏み込みながら、左にカラダを切り返しノーステップで送球する

ねらい

三塁手、遊撃手からの送球が、自分から見て右側に送球がそれたときに、二塁手が使うピボット。左足をベースにかけながら、右寄りで捕球。そのまま左にカラダを切り返し、左足でベースを踏み込みノーステップで送球します。

NG!!

突っ込みすぎる

捕球するときにカラダが突っ込みすぎると、送球時の姿勢が崩れてしまう

NG!!

引いて捕球

グラブを引いてカラダの近くで捕球すると、一塁送球時に強く投げられない

ワンバウンドのボールを投げて、リリースポイントを確認する

ねらい

ワンバウンドのボールを投げることで、ボールの指へのかかりや腕振り、リリースポイントを確認します。ライン上に立ったら、相手にワンバウンドで届く位置をねらって地面にボールを投げおろします。下向きに投げるので、ゼロポジションでボールをリリースすることができ、しっかり腕を振り切ることができます。

グラウンドにラインを引き、腕をのせるように振ると、まっすぐに投げることができる

[やり方]

1. 2人一組になり、10メートルくらい間隔をとる
2. 相手にワンバウンドで届く位置をねらって腕を振ってリリースする
3. 腕をしっかり振り切る

真上から投げ下ろし、ボールをリリースしたら、フォローを決める。最後までしっかり腕を振り切る感覚がつかめる

ワンポイントアドバイス

ボールが指にかかり、正しい位置でリリースできれば、バウンドしたボールはきれいな回転で弾みます。ボールに指がかかっていなかったり、リリース位置がずれていたりすると、まっすぐバウンドせず、左右にそれてしまいます。

普段からキャッチボールの前に、何球かワンバウンドで投げて、ボールのかかりやリリースポイントをチェックしてみましょう。

Column 3

キャッチボールの重要性

練習や試合の前には必ずキャッチボールをおこないますが、ただのウォーミングアップのためにやっているわけではありません。

ではキャッチボールの目的とは何でしょう？

それはボールを投げるときの体重移動や方向性、ゼロポジションでのリリースができているか、そして相手の胸にコントロール良く投げられているかを確認し、自分のコンディションを把握することにあるのです。毎回の練習で一球、一球意識しながら、目的を持ってキャッチボールをおこなうことができれば、おのずと正しいフォームが身につきますし、コントロールも良くなり、スピードも速くなり、レベルアップにつながります。

野球で一番多いミスは送球エラーです。強いチームほどキャッチボールがしっかりとできています。決められた時間、漫然と捕って投げてを繰り返していては、面白くありませんし、上達も望めません。紹介した十字キャッチボールや状況別キャッチボール、ワンバウンドキャッチボールなどさまざまなやり方を取り入れ、目的を持ったキャッチボールを心がけましょう。

第4章

打撃がうまくなる！打撃の基本

この章ではスイングの基本、そしてバッティングの問題点を解決するためのさまざまなドリルを紹介していきます。

ヒジでヘソを追いかけて水平にスイング

バットスイングはボールまで最短距離で水平に振るのが理想です。バットを振り出すトップの位置をつくったら、腰→肩→ヒジの順にバットを斜め前へと出していきます。このときに利き腕のヒジでヘソを追いかけるイメージでカラダを回転させると、バットが最短距離で出て、水平にスイングすることができます。

ヒジ伸ばし　→　フォロー

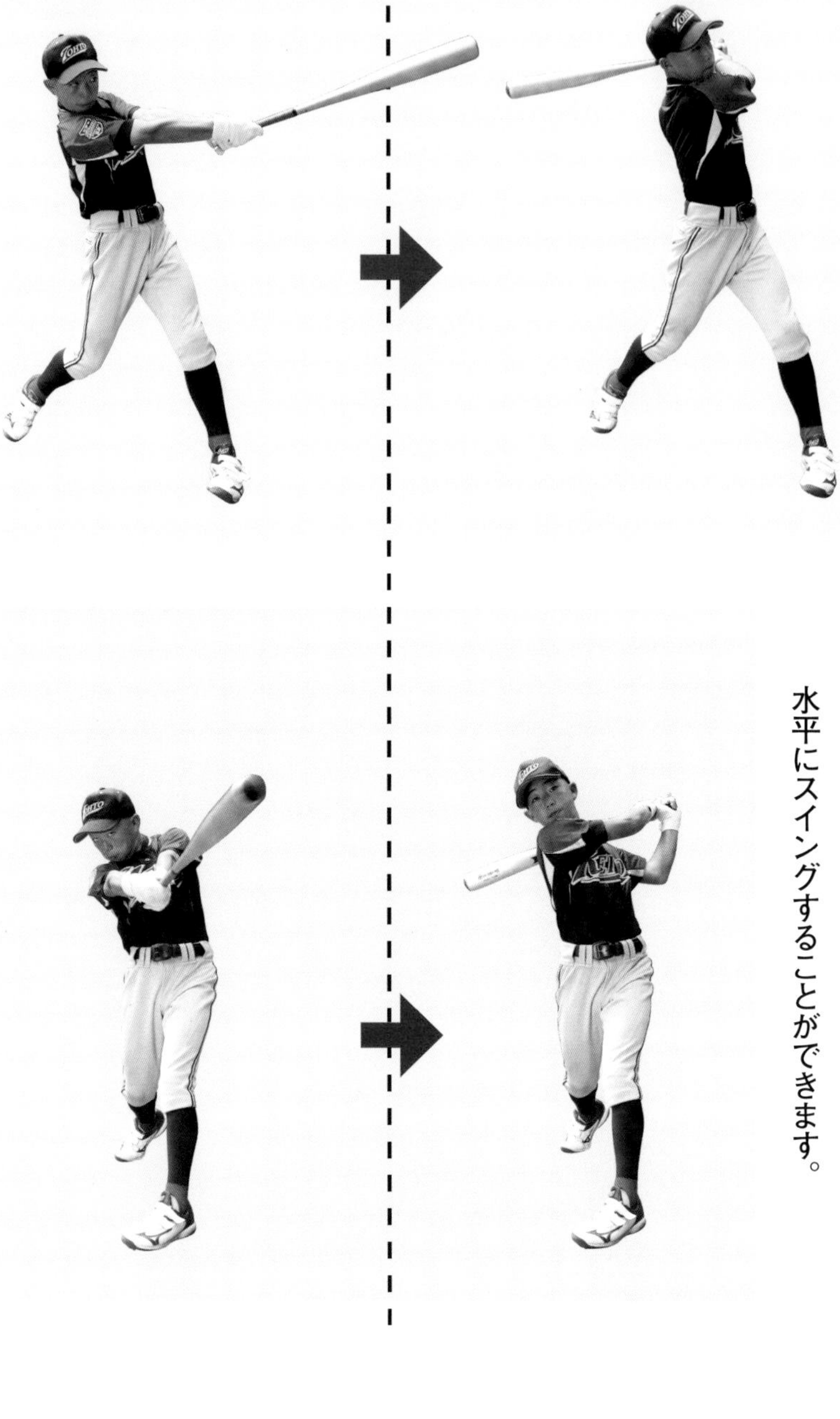

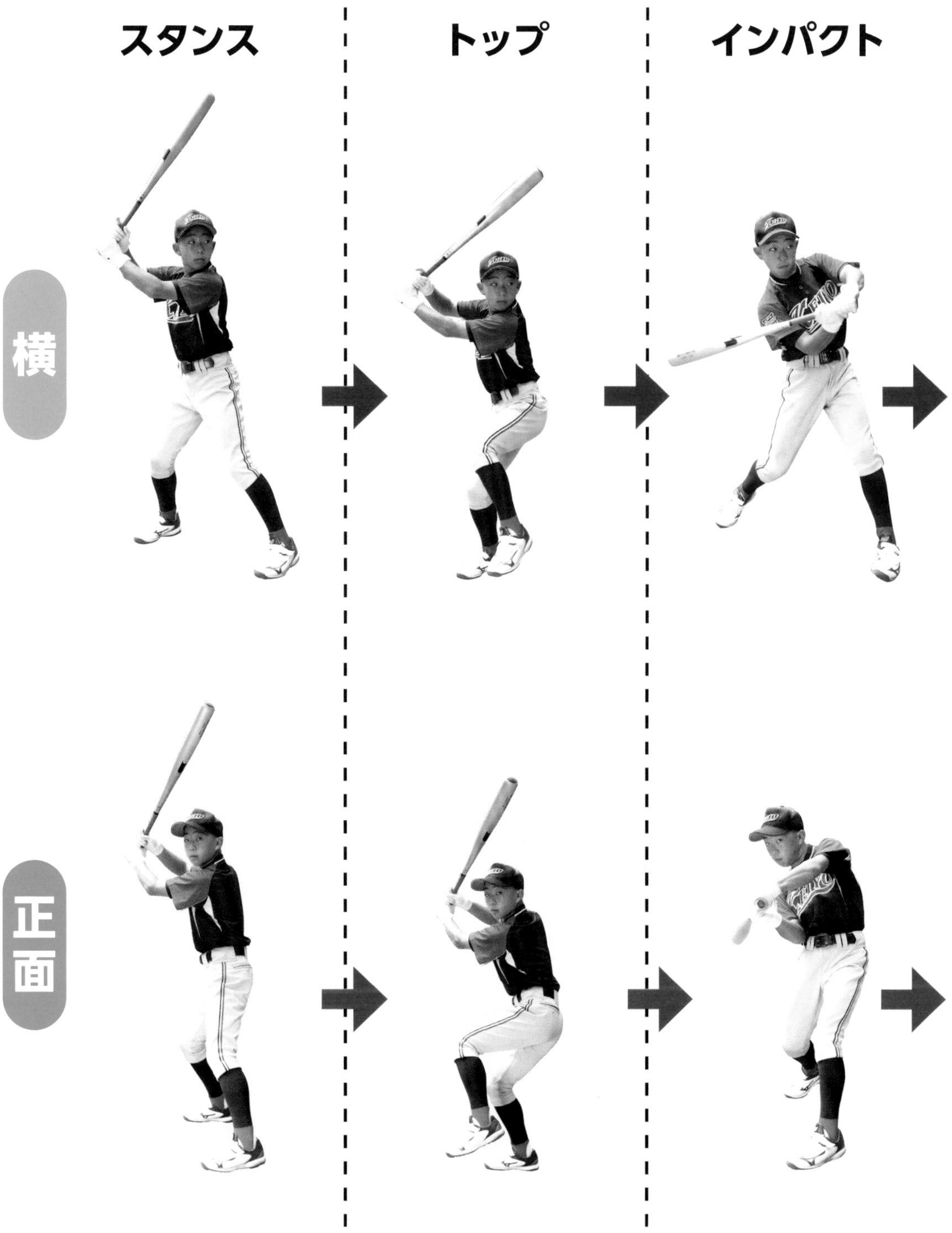
スタンス
トップ
インパクト
横
正面

ポイント別アドバイス

トップ

トップとは前足が地面に着地し、バットを振り出す位置のこと。ボールを投げるときの割れと同じ状態です。かまえからバットを後ろに引いてトップをつくりますが、引きすぎるとスイングが大きくなり、目線がブレて空振りの原因になります。逆に引きが小さいと力が加わらずボールが遠くに飛びません。トップをつくったときに、カラダとバットが45度くらいの角度になります。

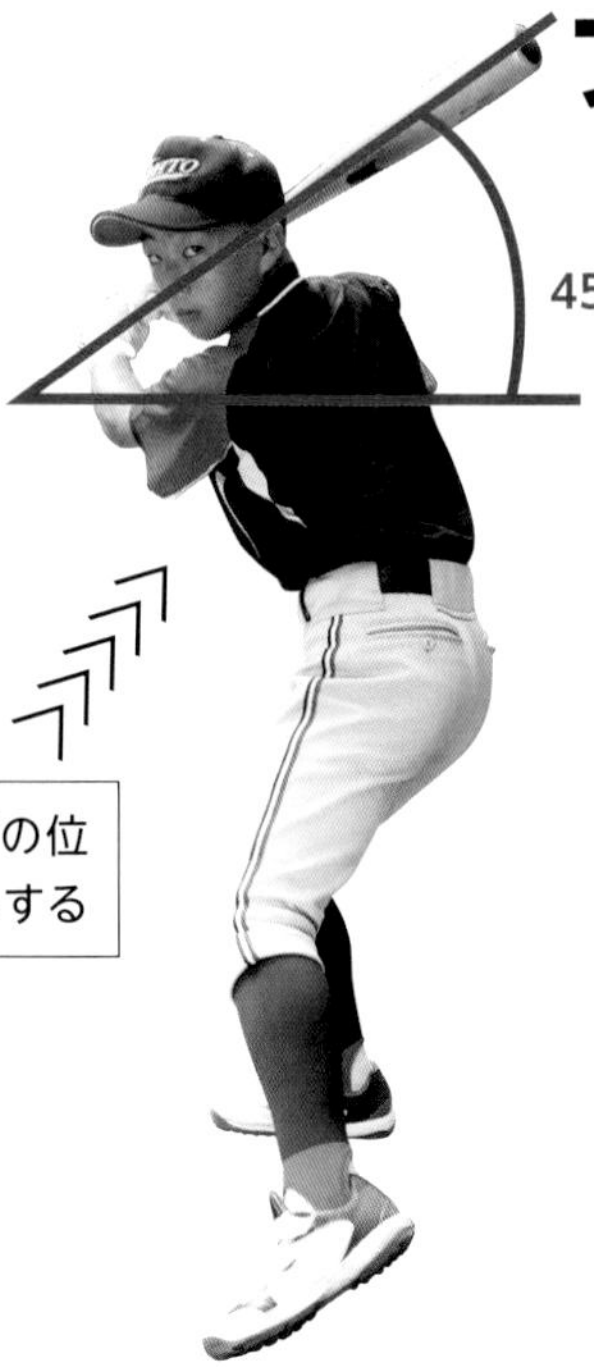

前足が着地するところがトップの位置。ここからスイングをスタートする

インパクト

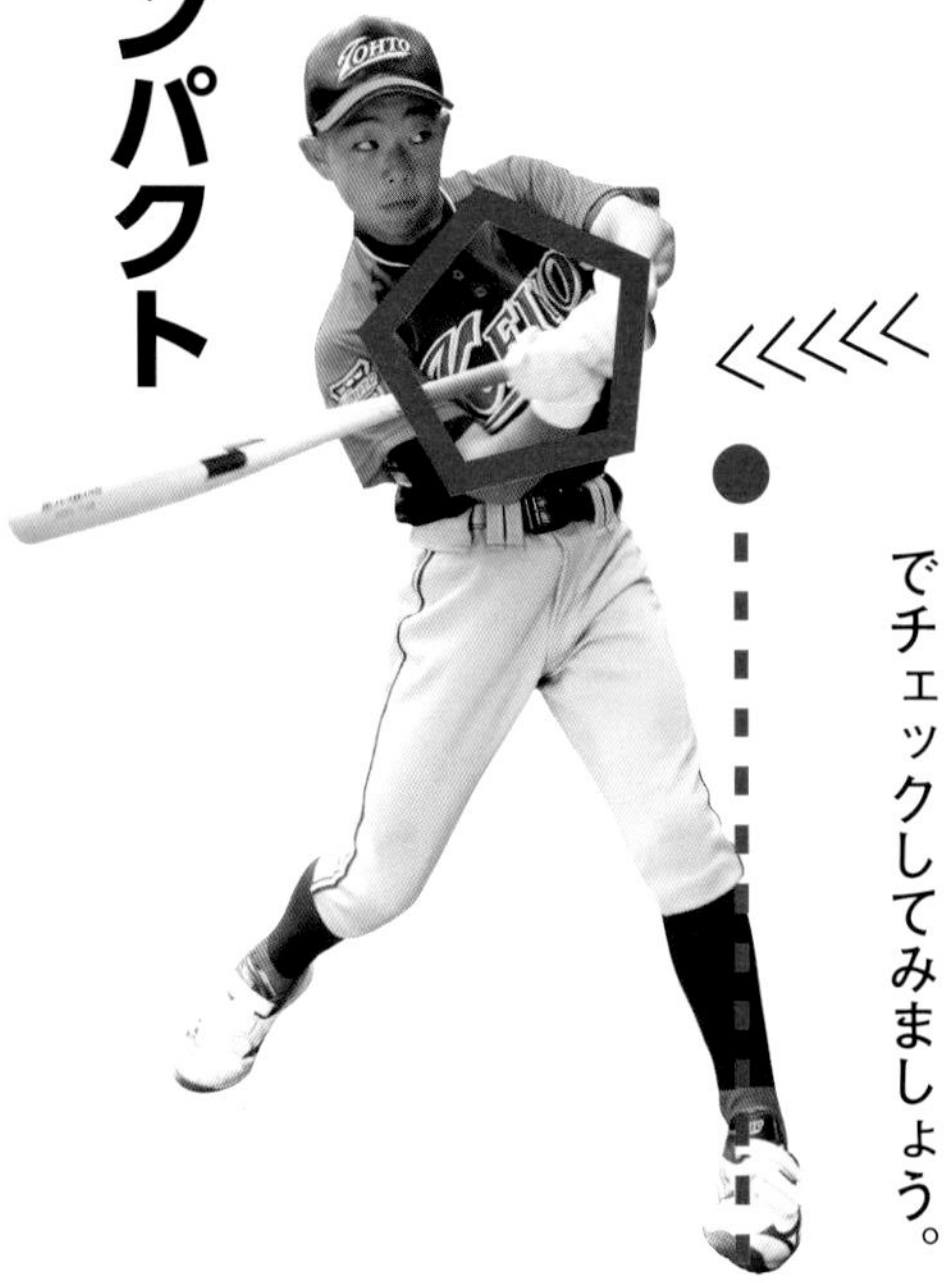

前足の先のミートポイントを目標にスイング。カラダと両腕で五角形ができるのが理想

バットがボールをとらえることをインパクトといいます。インパクトする位置は前足の先。インパクトの瞬間は利き手のひらが上を向くようにして、腕が伸び切らないようにします。きれいなスイングでインパクトすると、カラダと両腕で五角形ができるのでチェックしてみましょう。

ヒジ伸ばし

ボールをインパクトしたら、バットでボールを押し込むようにして、打球の飛距離を伸ばします。ミートの瞬間、五角形だった両腕の形は、ヒジを伸ばしてボールを押し込むことで二等辺三角形になります。そのままバットを振り切り、大きくフォロースルーを取りましょう。

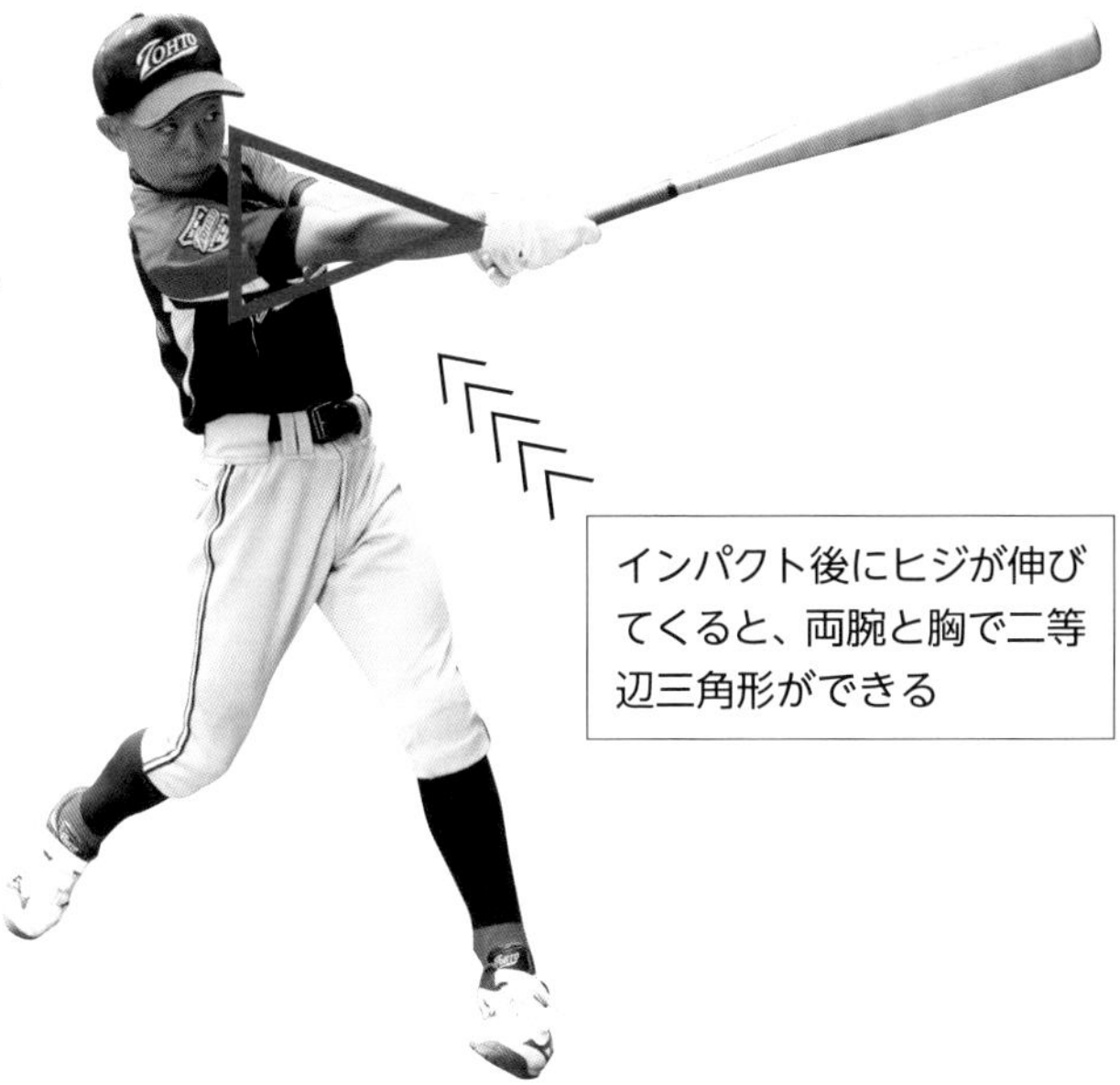

インパクト後にヒジが伸びてくると、両腕と胸で二等辺三角形ができる

フォロー

ボールをインパクトしてヒジを伸ばした後、大きくフォロースルーをとることで打球の飛距離が伸びます。振り切ったバットが背中にぶつかるぐらい強く、大きくフォローをとりましょう。後ろの肩を、前の肩にのせるイメージでスイングすると、下半身が回転し、最後まで強く振り切ることができます。

大きくフォローをとると打球の飛距離が伸びる。最後までバットを振り切ろう

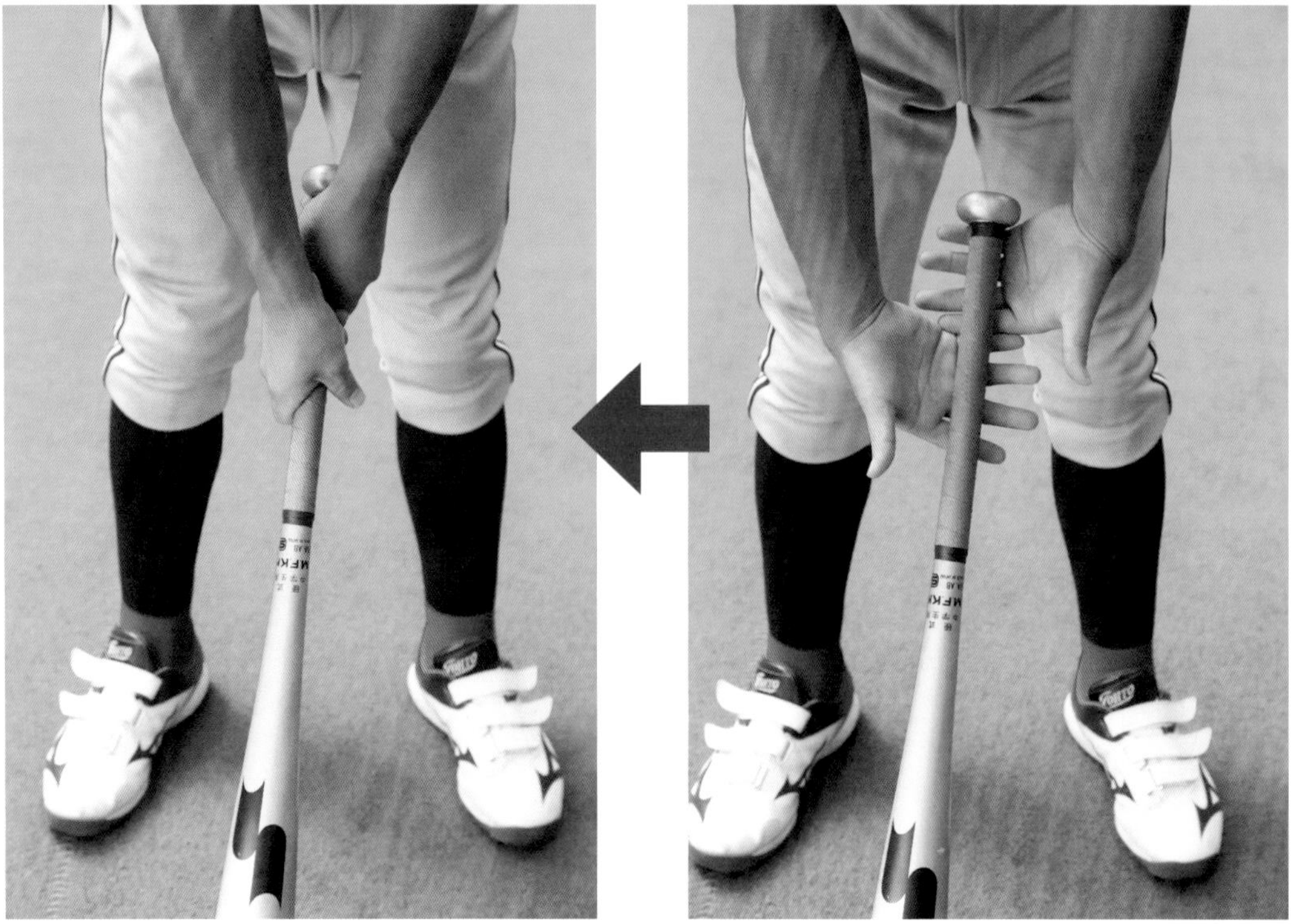

力を入れすぎない傘をさすように持つ

打撃はバットを握ることから始まります。しっかりバットを握れなければ、力強いスイングはできません。

利き手を上、もう一方の手を下にして、バットのグリップに指の付け根を合わせて両手を閉じます。力を入れて強く握る必要はありません。強くバットを握ると、ボールをミートしたときに、逆に力が抜けてしまうからです。自分の正面でバットを握り、そのまま傘をさすように持ち上げれば、グリップの位置が決まります。

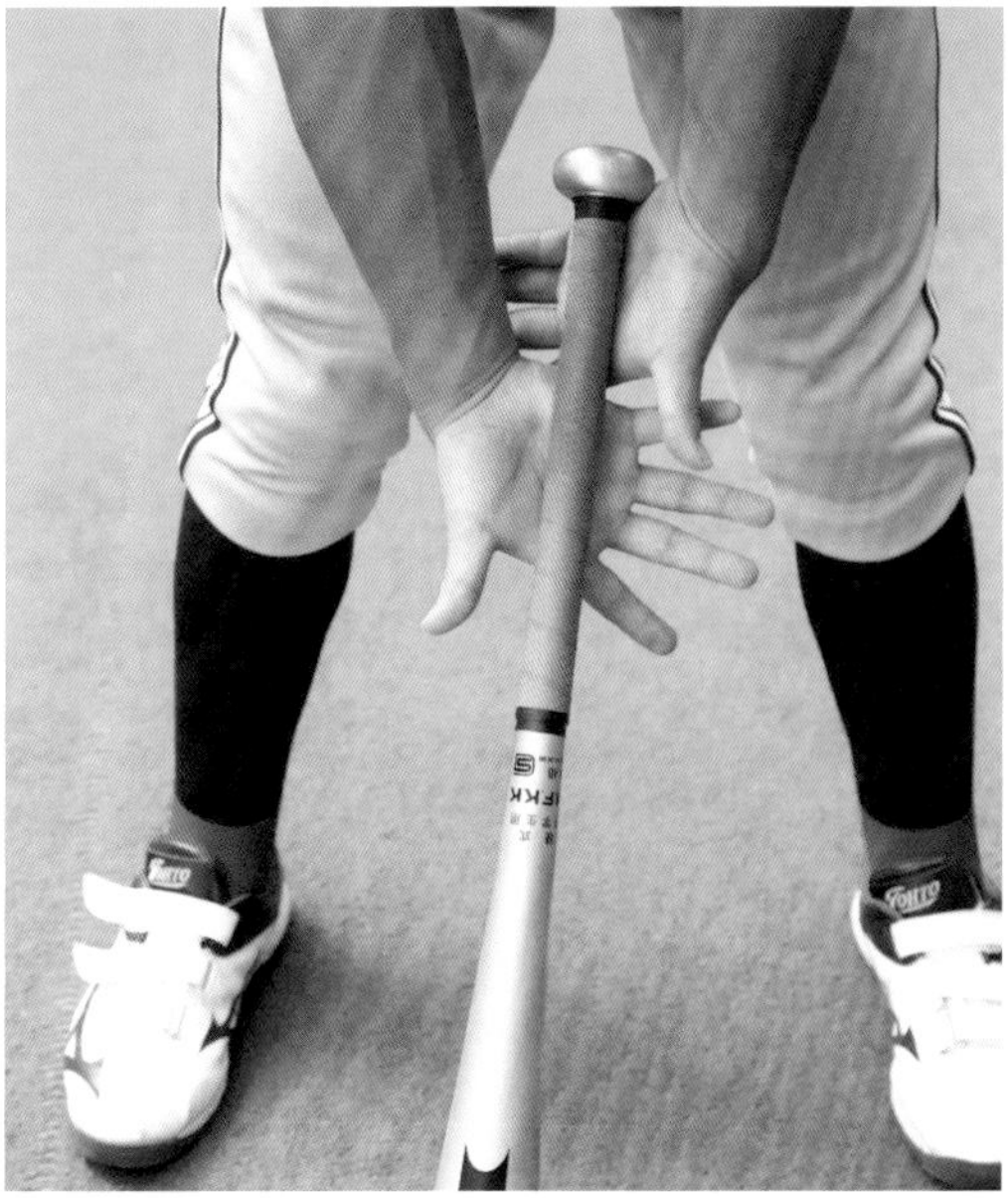

NG!!

手のひらで握る

バットは指の付け根で軽く握る。手のひら全体で握ろうとすると力が入りすぎてしまうので注意。

NG!!

力を入れて握る

ぞうきんを絞るように強くバットを握ってしまうと、手首が固まって操作しづらいだけでなく、ミート後に力が抜けてしまう。

スタンスは肩幅よりも少し広めが目安

自分のスタンス幅を見つけよう

　バットを握り、かまえたときの両足の幅の広さをスタンスといいます。スタンスの幅は広すぎても、狭すぎてもしっかりスイングすることができなくなります。両肩の幅よりも少し広めを目安に、無理なくスイングできる自分のスタンス幅を見つけましょう。

　スタンス幅が決まったら、アゴを肩にのせるように前を向き、上半身には力を入れず、両足に均等に体重をのせて立ち、かまえの姿勢をつくります。

ワンポイントアドバイス

スタンス幅の見つけ方

バットをかまえながら両足をそろえて立ち、その場でポン、ポンと2回飛び跳ねてみましょう。安定して着地したときの両足の幅が、自分にあったスタンス幅になります。

NG!!

スタンス幅は狭すぎても、広すぎても×

スタンスの幅が狭すぎると、大きくステップすることになり、カラダが上下動し目線がブレてしまい確実性が下がります。逆に幅が広すぎても、腰が回転せず、ボールに力が伝わらないため、強い打球が打てません。

置きティー

ねらい

ミートポイントの確認

一般的なティーバッティングは、斜め前からトスされたボールを、正面のネットに打ち返しますが、置きティーではティースタンドに置いたボールを打ちます。普通のティーバッティングでは、トスの上がる位置が一定になりませんが、スタンドティーにボールを置くことで、同じコース、高さを繰り返し打つことができるようになります。

このドリルのねらいはミートポイントの確認です。ティースタンドはミートポイントであるステップした足のつま先の前に置きましょう。繰り返しスイングすることで、自分のミートポイントをカラダに覚えこませることができます。

ティースタンドの位置は調節できるので、苦手なコースや高さを重点的に練習することもできます。コース、高さごとのスイングのイメージをつかみましょう。

[やり方]

1 ミートポイントを確認し、ティースタンドとネットを置く

2 ミートポイントであるステップした足のつま先の前でボールをとらえられるようにスイングする

ワンポイントアドバイス

水平に力強くスイングし、ライナーの打球をネットに打ち込むように心掛けましょう。スタンドティーの先端にバットがギリギリかするようにスイングするとボールの中心をジャストミートすることができます。

横ティー

ねらい

とらえる位置の確認

横ティーは真横からミートポイントに向かってトスを上げることで、ボールをとらえる位置を確認する練習ドリルです。ミートポイントを確認するというねらいは置きティーと同じですが、トスされたボールを呼び込んで打つので、タイミングの取り方も練習できます。タイミングよくミートポイントでボールをとらえることができていれば、ライナーの打球はまっすぐ強く飛びます。上下左右に打球が外れるようであればタイミングがあっていません。ミートポイントとあわせて確認してみましょう。

[やり方]

1. 打者の正面にネットを置き、真横にトスする人が立つ
2. ミートポイントに向けてトスをあげる
3. 打者がスイング。ミートポイントでボールをとらえる

ワンポイントアドバイス

置きティー、横ティーでの要確認ポイント

・ミートポイント

　ボールをとらえるミートポイントは必ずステップした足のつま先の前。ティースタンドを置く場所や、トスをあげる位置がズレないようにします。

・インパクト時の五角形

　きれいにスイングできていると、インパクトの瞬間に腕が五角形になります。この形にならないのは水平にバットが振れていないか、タイミングがズレています。

・ヒジ伸ばしの三角形

　インパクトした後、両腕が伸びるので腕の形は五角形から三角形になります。

上からティー

ねらい

最短距離でバットを出す

上からティーは上から落ちてきたボールを打つティーバッティングです。打者には目線の上からボールが一瞬で落ちてきます。瞬間をとらえてスイングするため振り出しが遅れることなく、トップの位置から最短距離でバットが出るようになります。無駄のないコンパクトなバットスイングが身につくので、スピードボールに差し込まれてしまう人にオススメのドリルです。

[やり方]

1 イスなどを使い打者のミートポイントの上からボールを落とす
2 ボールが落ちてきたらすばやくスイングする

ワンポイントアドバイス

かまえの姿勢をつくったら、目線はミートポイントにおきましょう。ボールが落ちてくるところを見ようとするとアゴがあがり水平にバットが振れなくなるだけでなく、振り出しのタイミングも遅れてしまいます。

後ろからティー

ねらい

フォロースルーを大きく

後ろからティーは、後ろからくるボールを前に打つティーバッティングです。

前に飛んでいくボールを、スイングで追いかけながら打つので自然と大きなフォロースルーがとれるようになります。ボールの軌道に対し、水平にスイングできるので、ダウンスイングやアッパースイング、早く手首を返してしまうといったスイングのクセを矯正する効果もあります。

[やり方]

1. 打者の真後ろからトスを投げる
2. トスされたボールをスイングで追いかけるようにして打つ
3. 最後まで振り切り、フォロースルーをとる

ワンポイントアドバイス

ミートポイントは前足の前。バットはグリップ、ヘッドの順に内側から外側に出す（インサイドアウト）スイングで、ボールの軌道を追いかけるように水平に振りぬきましょう。

ワンバウンドティー

ねらい

「間」をつくる

ワンバウンドティーは、ワンバウンドのボールを打つティーバッティングです。

トップの状態から投球にタイミングをあわせて振り出すまでの間隔を「間」といいます。このドリルではバウンドするボールにタイミングをあわせてスイングすることで、「間」をつくる感覚が身につきます。バウンドしたボールは不規則に変化するので、タイミングをズラされる緩い変化球への対応力もアップします。

[やり方]

1. ワンバウンドで打者のストライクゾーンにくるボールを投げる
2. バウンドしたボールにタイミングをあわせてスイングする

ワンポイントアドバイス

ボールを待ちきれないとカラダが前に突っ込んで、体勢が崩れてしまうので注意。しっかり間をつくり、ボールをミートポイントまで呼び込んでスイングしましょう。

背中からティー

ねらい

スイングを整える

背中からティーは、普通のやり方とは逆の背中側からトスを出すティーバッティングです。背後からボールがくるので、スイング時の肩の開きが抑えられ、インサイドアウト（※）のスイング軌道が身につきます。バットが遠回りして出てくるドアスイング（※）の矯正に効果があります。

インサイドアウトとドアスイング

インサイドアウトとは、投球の軌道に対して、バットの先が内側から、外側を通るスイング軌道のこと。遠心力でバットをしならせるためヘッドスピードが速くなり、ボールの軌道に対してスイング軌道をあわせやすいのでミート力がアップします。

インサイドアウトとは反対に、バットの先が外側を遠回りすることをドアスイングといいます。バットのヘッドがカラダからはなれて遠回りして先に出てくるため、しっかりボールをミートすることが難しくなります。

［ やり方 ］

1 背中側からトスをあげる
2 打者はミートポイントでボールをとらえスイング
※引っ張った打球がトスをあげる人の方向に飛ぶことがあるので注意

片足台のセティー

ねらい

体重移動の感覚をつかむ

片足台のせティーは、体重移動の感覚をつかむための練習ドリルです。軸足を台の上にのせることで、最初から前足に体重を移した状態をつくってスイングします。前足を支点にしてスイングすると肩が開かず、バットのヘッドも下がらず、水平にスイングすることができます。体重移動後の前足を支点にしたスイングの感覚をつかみましょう。

[やり方]

1. 30センチほどの台に軸足をのせ、前足に体重が移った状態をつくってかまえる
2. トスをあげる
3. 前足を支点にしてスイング

ワンポイントアドバイス

後ろ足支点でスイングすると、軸足に体重を残したまま投げる（63ページ）のと同じく、軸足側にカラダが傾いてしまう。水平にスイングできないだけでなく、肩が開いてしまい、バットのヘッドも下がるので、強い打球が打てず、ボールをとらえる確実性も落ちてしまいます。

股ひらきティー

ねらい

下半身主導のスイング

股ひらきティーは、下半身の体重移動の感覚をつかむ練習ドリルです。広めにスタンスをとり、両足の位置は動かさずに、前足、軸足、前足と体重をのせかえながらノーステップでスイング。両足を大きく広げることで、重心が低くなり、下半身主導の安定したスイングが身につきます。

[やり方]

1. 両足を広げ大きめにスタンスをとり、かまえの姿勢をつくる
2. 一度前足に体重をのせ、トスのあがるタイミングで軸足に体重を移しトップをつくる
3. ノーステップでスイングしトスを打つ。スイングしながら体重を前足へのせかえる

ワンポイントアドバイス

軸足に体重を残したままスイングすると肩が下がり、バットのヘッドも下がってしまいます。スイング後に上半身が傾かないように気をつけましょう。

座ってティー

ねらい

回転で打つ感覚をつかむ

座ってティーはイスなどに座っておこなうティーバッティング。スイング時の上半身の正しい使い方を身につけるための練習ドリルです。

座った状態でのスイングは下半身が使えないため、自然と腰を回すようになり、上半身の回転で打つ感覚がつかめます。

[やり方]

1. スタンス幅より少し大きめに足を開きバットをかまえる
2. トップの位置をつくりスイング。トスを打つ

ワンポイントアドバイス

下半身が動かないようにどっしり腰をかけてバットをかまえましょう。下半身の体重ののせかえはできませんが、後ろから前へ上半身の支点の移動を意識してスイングすると強い打球が打てるようになります。

シャトル打ちで反応力アップ

小学生年代は運動神経がとくに発達する時期です。カラダの動かし方や使い方を短時間で覚えることができる、一生に一度だけの貴重な年代のため「ゴールデンエイジ」と呼ばれます。子どもの頃に自転車に乗れるようになれば、大人になってからもずっと乗れるように、ゴールデンエイジのうちに身につけた動作や技術は、一生モノの財産となります。小学生のうちはいろいろな運動や遊びでカラダを動かし、脳や神経に刺激を与えることが重要なのです。

野球にもゴールデンエイジのうちにやっておくと良い練習があります。バッティングならばいろいろなボールを打ってみるのが良いでしょう。頭が柔らかく、吸収力のあるこの時期にバドミントンのシャトルのように不規則に変化するものを打つ経験をしておくと、投球に対する反応力や順応性が高まり、中学、高校と上のレベルに進んだときに変化球にもスムーズに対応できるようになります。シャトルだけでなくスポンジボールやゴムボール、ソフトボールなど重さや形の違うボールを打ち分け、さまざまなボールの軌道や変化を感覚的に身につけておきましょう。

第5章

守備がうまくなる！
守備の基本

この章では内野守備の基本を紹介します。キャッチボールの練習で学んだことを実戦に落とし込んでいきましょう。お父さんコーチ必見のノックの打ち方も紹介します。

① 基本のかまえ

動き出しやすい姿勢でかまえる

ねらい

ヒザを軽く曲げ、腰は落としすぎない

両腕をカラダの脇におき、両ヒザを軽く曲げて打球を待つのが理想的なかまえの姿勢。腰の高さは、強いゴロを処理することの多い内野手は中腰よりやや低め、守備範囲が広くフライを処理する機会の多い外野手は中腰よりやや高めが目安になります。腰の高さは低すぎても、高すぎても動き出しが遅れてしまうので注意しましょう。

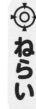

NG!!

腰を落としすぎ
グラブがグラウンドにつくほど腰を落とすのは姿勢が低すぎ。スタートが切りづらく、打球に反応できなくなる。

NG!!

突っ立ったまま
突っ立ったままの姿勢でかまえると動き出しが遅れてしまう。ヒザを軽く曲げて打球を待とう。

ワンポイントアドバイス

「ヨーイドン」の格好で正面を向く

かけっこで走り出す前の「ヨーイドン」の格好から、正面を向くと守備のかまえになります。このときの腰の高さや、ヒザの曲げ具合を覚えておきましょう。

両足とグラブで三角形をつくる

横から

ねらい

グラブの面とボールの位置をあわせる

ゴロ捕球の基本姿勢は、まっすぐに腰を落とし、ヒザを曲げ重心を低くして、両足のつま先と三角形ができる位置、もしくは右股関節の前あたりにグラブを出します。グラブは寝かせすぎても、立てすぎても打球をはじく原因になるので、グラブの面とボールの位置をあわせて出しましょう。

前から

NG!!

アゴがあがる

アゴがあがると腰高になりやすい。重心が高くなり、両足の間を打球が抜けるみじめなトンネルにつながる。

NG!!

ヒザが内側に入りすぎる

ヒザが内側に入りすぎると送球動作に移りづらい。下半身が安定せず強い打球をはじく原因にもなる。

両手でボールを包み込むように捕球する

捕球姿勢をつくる

打球をカラダに引き寄せて勢いを吸収

ねらい

正面での捕球は守備の基本

ゴロ処理をカラダの正面でおこなうのは守備の基本。強い打球でもカラダ全体で勢いを吸収《きゅうしゅう》することができ、もしエラーをしてもカラダにあてて前に落とすことができます。どんな打球でもまずは正面に入ることを心がけましょう。

打球の正面に入ったら、タイミングをはかり捕球姿勢をつくります。このときにグラブの方向にヘソが向くようにしましょう。打球はグラブだけでなく、利き手を添えて捕球します。グラブにボールが収まったら、自分のカラダに引き寄せると、打球の勢いを吸収《きゅうしゅう》することができ、強いゴロでもはじきにくくなります。

打球の正面に入る

ワンポイントアドバイス

円を描くようにグラブを動かす

正面でのゴロ捕球はグラブの使い方がポイント。グラブを上から下へ、円を描くように動かします。ヒジをやわらかく使い、ボールを包み込むように捕球しましょう。

グラブの方向にヘソが向くように捕球

フォアハンド

ねらい

しっかり踏み込み姿勢を低く

カラダの正面でゴロを捕球するのは守備の基本ですが、左右に飛んだゴロにギリギリ追いついたときは、そのまま捕球します。

グラブが上向きになる捕球（フォアハンド）も、グラブが下向きになる捕球（バックハンド）も、しっかり踏み込んで姿勢を低くしましょう。手だけを伸ばして捕球しようとすると、姿勢が高くなるのでボールをはじきやすくなります。カラダの向きは、正面のゴロ捕球と同じように、グラブの方向にヘソが向くようにしましょう。

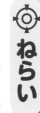

バックハンド

NG!!

グラブの方向にヘソが向かない

ヘソがグラブの方向を向かないのは、捕球姿勢に無理があるということ。体勢が不安定なため送球動作にも移りづらくなる。

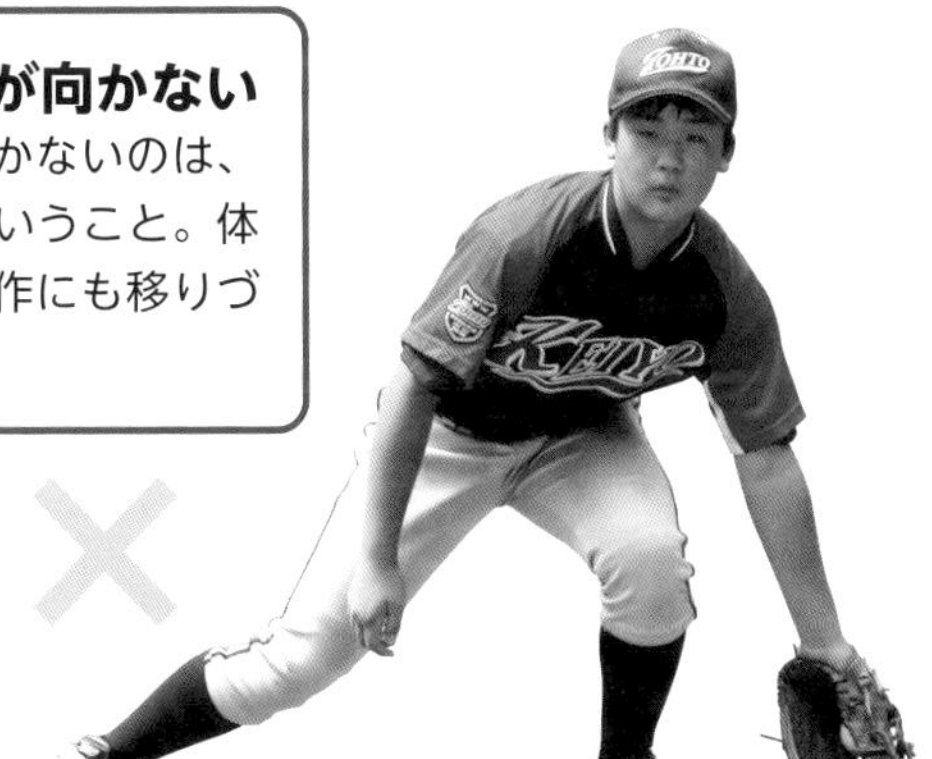

ゴロは左斜め前から入り正面で捕球する

ねらい

左方向にプレーが流れる

実戦ではゴロは捕ったら終わりではなく、ただちに送球動作へと移らなければなりません。内野手の送球の多くは二・三塁手、遊撃手から一塁手のように左方向になります。ゴロを捕球するときはボールに対して左斜めから入っていくとプレーが流れます。

斜めに打球に入っても、捕球するのはカラダの正面、もしくは右股関節の前です。打球はまっすぐに見るより、やや斜めから見ると距離感がつかみやすいので、タイミングを計って正面に入りましょう。左足の前にボールがあることを意識しながら捕球すると、斜めから打球の正面に入りやすく、送球動作へもスムーズに移れます。

NG!!

ふくらみながら遠回り

左斜め前から打球に入ることを意識しすぎて、大きくふくらんでしまうと、時間をロスし送球でアウトがとれなくなる。左足の前で捕球する意識をもとう。

NG!!

まっすぐに打球に入る

打球にまっすぐに入っていくと、ボールとの距離感がつかみづらい。前に追いすぎると、カラダが突っ込んで送球できなくなる。

動きを止めずスムーズに送球する

送球方向にステップし、しっかり「割れ」をつくる

ねらい

動きを止めない

捕球からスローイングは、一連の流れの中でスムーズにおこないます。カラダの中心で打球を捕ったら、グラブを胸へ引き上げ、ボールをすばやく握りかえ。「割れ」をつくったら、送球方向にまっすぐ足を踏み出しステップし、スローイングします。ヒジを支点にコンパクトな腕振りをするとコントロールよく送球できます。

ワンポイントアドバイス

打球を捕るのはカラダの正面、ヘソの前。この位置で捕ると送球動作に移りやすく、イレギュラーバウンドなど不規則な打球の動きにも対応しやすくなります。

高くはずむバウンドを上から押さえこむ

グラブの面をボールに対して直角に出す

ねらい

グラブの面はボールに対して直角に

バウンドしている打球は落ちてきたところにグラブを出して捕るのが基本ですが、軟式野球特有の高くバウンドする打球は、一塁送球を早くするためにボールがはずんであがってくるところに上からグラブを出して捕球します。

打球の正面に入ったら、ボールがバウンドするタイミングで、グラブを上から出します。このときグラブの面はボールに対して直角に。ボールははずむので、つかみにいく必要はなく、あがってきたところを押さえこめばOKです。

NG!!

落ちてくるボールを捕る

手の甲を上向きにして上からグラブを出し、バウンドしてくるボールを高い位置から押さえ込むようにして捕るのがポイント。高くはずんだボールが落ちてくるのを待っていると、捕球に時間がかかるため、一塁をアウトにできなくなってしまう。

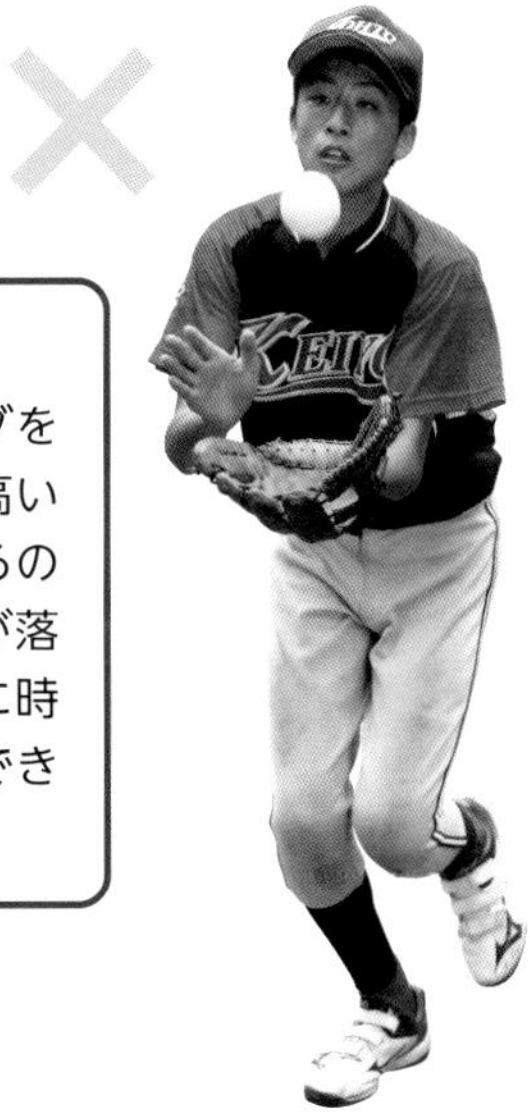

ノックの打ち方

しっかりフォローし
バットを振り切る

ボールの上側を打つ

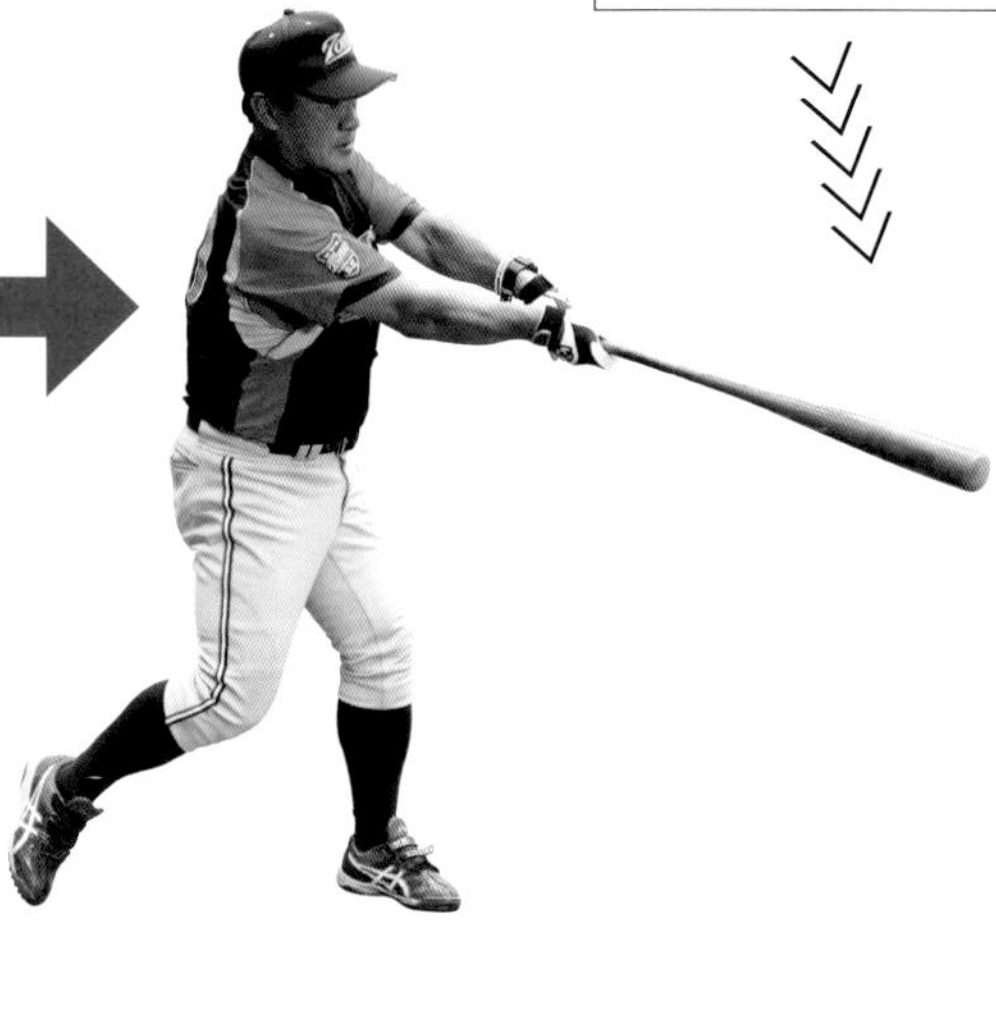

● フライの打ち方

● ゴロの打ち方

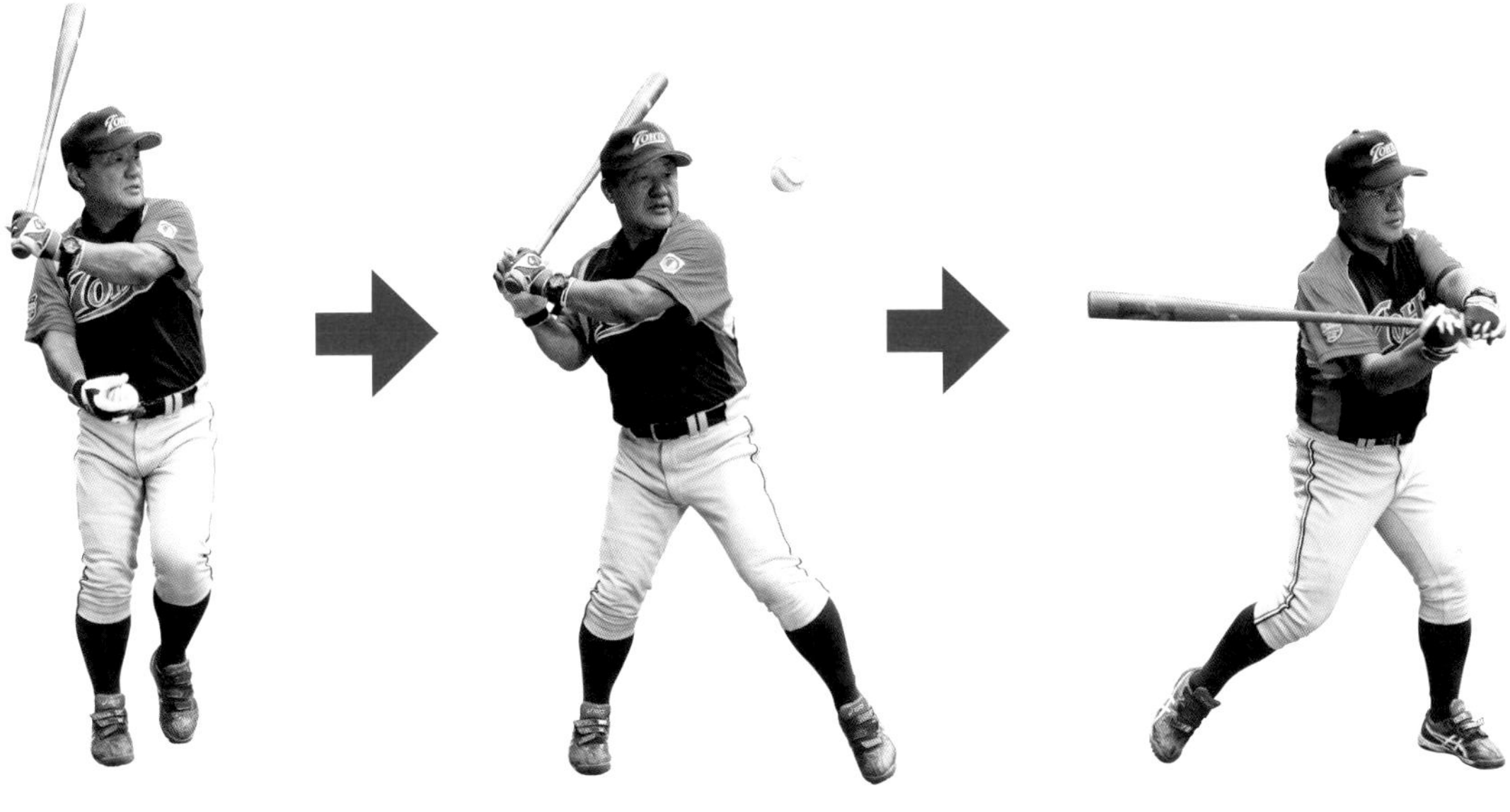

キャッチャーフライの打ち方

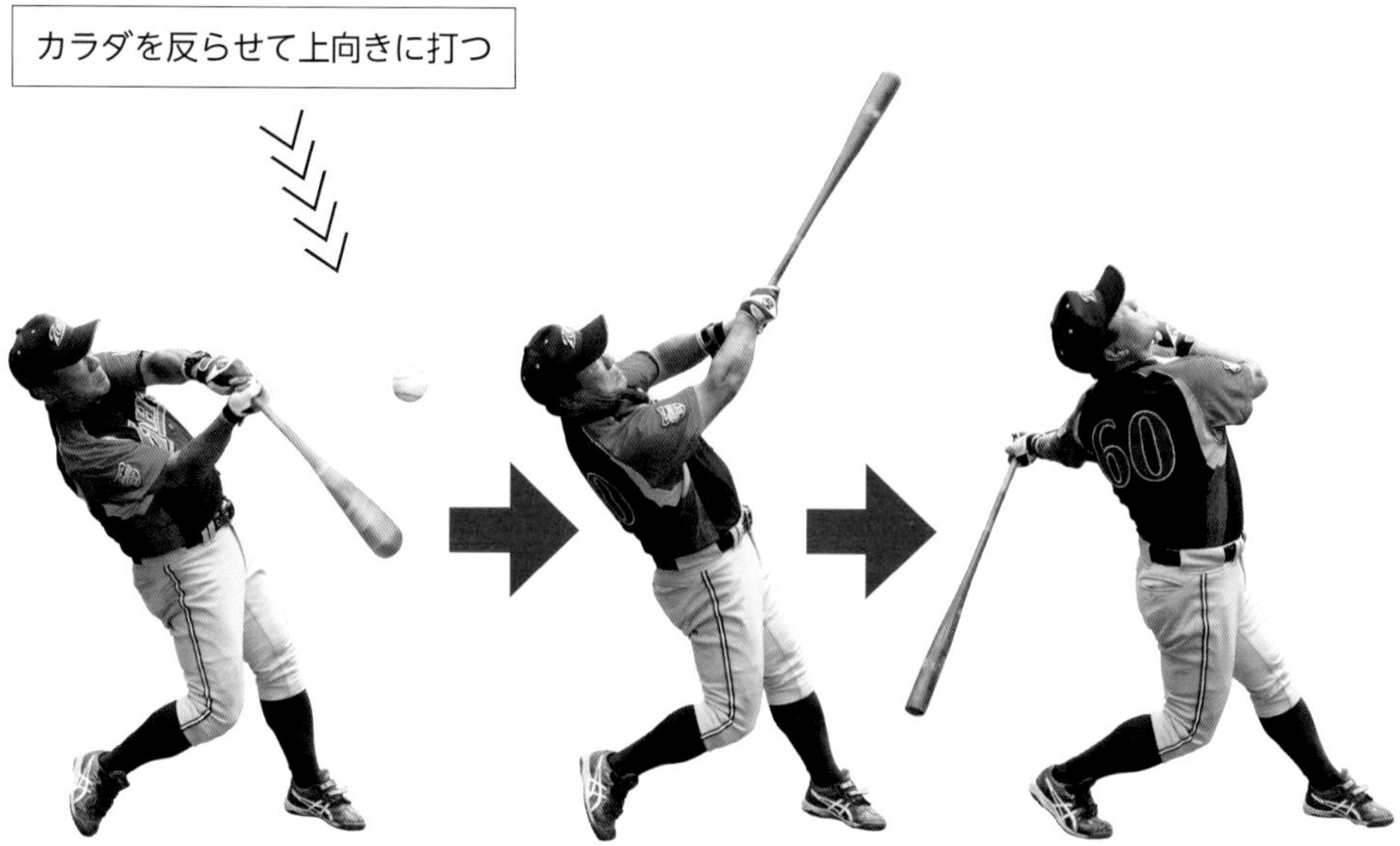

ノックには大きく分けてフライ、ゴロとキャッチャーフライの3種類があります。

いずれもトスは利き手であげます。利き手の方がトスの高さをコントロールしやすく、軸足に体重をのせやすいという利点もあります。バットの軌道をイメージし、ちょうどミートポイントに落ちてくる高さにトスをあげましょう。

フライはボールの下側を、ゴロはボールの上側をミートします。打撃と同じように体重を軸足に残さず、前足にしっかりのせかえると、勢いのある打球を打つことができます。キャッチャーフライは前足の股関節あたりに高めにトスを上げ、カラダを反らせて、ボールが落ちてきたところを上向きにすくいあげるようにして打ちます。

● キャッチャーフライの打ち方

前足の股関節あたりにやや高めにトスをあげる

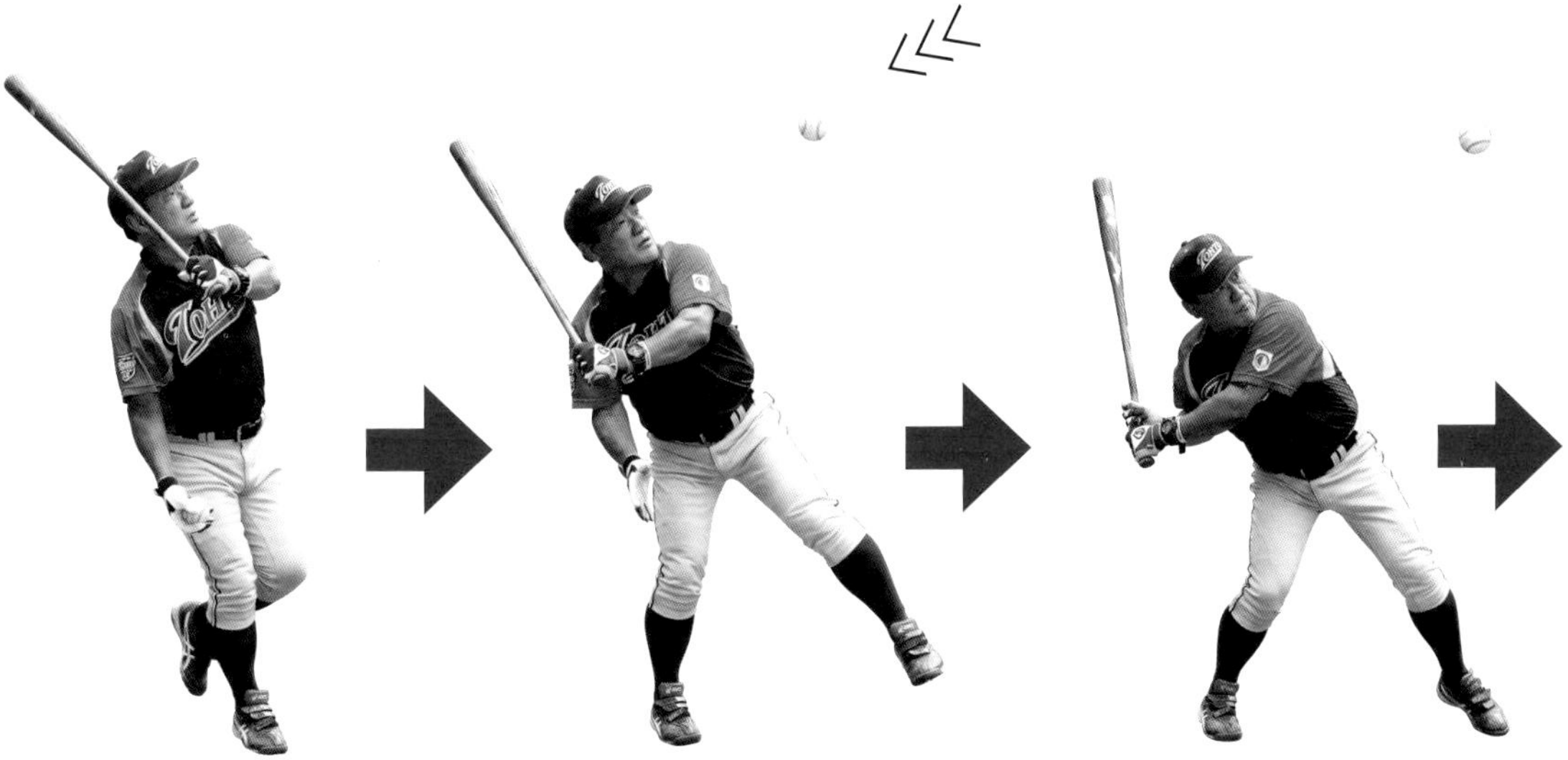

NG!!

軸足に体重が残る

フライを打つとき体重を軸足に残したままノックすると、ボールにドロー回転がかかり、まっすぐに伸びる打球が打てない。

NG!!

ボールを切る

ゴロを打つときボールを切るようにノックしてしまうと、打球がハーフライナーのようになり、前に飛ばない。

おわりに
少年野球指導者のみなさんへ

少年野球の指導を見ていて思うのは、自分が教わったこと、自分がやってきたことを、そのまま教えている指導者が多いということです。野球の技術は日々進化し、指導法も変化しています。経験に基づく指導のすべてを否定するつもりはありませんが、理論のアップデートのない旧来からの指導法が、結果として子どもたちの上達、成長をはばむ要因になっているように思えます。

将来ある子どもたちを指導する少年野球指導者こそ、最新の野球理論を学び、良いものを取り入れていく柔軟な姿勢が求められるでしょう。そしてこれからも進化をとげていく未来のプレースタイルに柔軟に対応できる基本動作を指導することは、なによりも重要となります。

本書は野球をはじめて間もない、小中学生向けに基本をまとめたものです。決してむずかしいことは書いてありませんが、実際にやるのは簡単ではないはずです。

指導者のみなさんも内容を理解し、子どもたちの失敗をとがめず、できるようになるまで粘り強くサポートしてあげてください。指導者の「うまくなってほしい」という気持ちは、必ず子どもたちに伝わります。本書が皆さんの指導の一助となれば幸いです。

関口勝己

●著者

関口勝己（せきぐち・かつみ）

1965年生まれ、栃木県出身。小山高校－明治大学－NTT関東（現・NTT東日本）。明治大学では2年春からショートのレギュラーとなり、3年時に秋季リーグ優勝。社会人では現役9年間で都市対抗野球に6度、社会人野球日本選手権に2度出場。日本代表としても活躍、日本代表がキューバ代表に初めて勝利したときのメンバーでもあった。現役引退後はNTT東日本のコーチを務め、都市対抗に4回、日本選手権に3回出場。現在は京葉ボーイズの監督を務める。

●撮影協力 **京葉ボーイズ**

2009年結成。日本少年野球連盟（ボーイズリーグ）千葉支部所属。市川市、船橋市、習志野市、千葉市を中心に活動中。2019年には日本少年野球選手権大会（ボーイズリーグの全国大会）で春夏連覇を達成。2022年のジャイアンツカップでは準優勝に輝くなど、全国屈指の強豪チームとして知られる。

必ずうまくなる!!

少年野球

基本と練習法

2024 年 4 月 29 日 初版発行

※本書はコスミック出版刊「必ずうまくなる少年野球 基本と練習法」
（発行日:2023年2月3日）を再編集したものです。

著　者　関口勝己
編集人　横田祐輔
発行人　杉原葉子
発行所　株式会社電波社
〒 154 - 0002
東京都世田谷区下馬 6-15-4
代表 TEL：03-3418-4620
　　 FAX：03-3421-7170

振替口座 00130-8-76758
URL:https://www.rc-tech.co.jp/

印刷・製本　大日本印刷株式会社

乱丁・落丁本は、小社へ直接お送りください。
送料小社負担にてお取替えいたします。

ISBN978-4-86490-257-1 C0075